Scratch 2 创新之旅

（进阶篇）

主　编　李　陆

副主编　王振宏　张泉城

山东大学出版社

《Scratch 2 创新之旅(进阶篇)》编委会

前　言

党的十九大报告提出，要推动互联网、大数据、人工智能和实体经济深度融合。2017 年，国务院正式出台的《新一代人工智能发展规划》更是明确提出，要完善人工智能的教育体系，建设人工智能学科，在中小学阶段设置人工智能相关课程。而编程是人工智能时代的通用语言，编程能力也被定义为新的“读写能力”。编程是一种新型的文学，是下一个时代的英语。学会编程，学生可将计算思维(Computational Thinking)融汇到各个学科中，达到“1+1>2”的效果。

在计算的重要性和强度与日俱增的信息时代，人类正经历着第三次认知革命，即信息技术(IT)革命。计算思维对于当前基础教育阶段的孩子而言，是一种观察和理解周边世界的全新视角，是一种利用计算的过程和方法来理解和解决问题的全新能力，也是他们应对未来竞争与挑战的必备技能。计算思维的培养主要是对人的思维完整性和逻辑性进行训练。在此过程中，可以建立一种看待和处理问题的新方式。随着信息革命和智能化深入到每个领域，具备计算思维、利用计算的过程和方法来理解和解决专业领域的问题，已毫无疑问成了现今社会人人必须具备的能力。

近年来，随着云计算、物联网、大数据挖掘、人工智能等技术在众多行业中展现出的计算优势和变革力量，关于计算思维培养的研究与实践在世界各地持续升温，且落脚点由早期的高等教育领域开始向基础教育阶段转移。

在基础教育阶段，有效培养计算思维的工具，必须具备低门槛和高上限两个特征，即：一方面，易于初学者入门；另一方面，良好的拓展性又能很好地支持高阶能力发展。潍坊市选用可视化编程语言 Scratch 和基于 Web 的创作平台作为计算思维培养的课程工具。它们满足“低地板、高天花板”的原则，很好地突破了传统计算思维培养的技术瓶颈，能将计算思维培养模式贯彻落实。

现在全球有 20 多个国家将编程纳入基础教育体系。美国政府宣布投资 40 亿美元开展编程教育，鼓励孩子学习编程；欧洲 16 国将编程纳入教学体系；2012 年，日本在中小学普及编程；2014 年，英国将编程纳入 5～16 岁中小学生必修科目；2017 年，新加坡在中小学普通教育证书水平考试中加入编程考试。

2017年，潍坊提出在全市中小学开展编程教育，并组织编写潍坊市编程教育校本教材《Scratch 2.0 创新之旅（基础篇）》和《Scratch 2.0 创新之旅（进阶篇）》，结合现行信息技术教材配套使用。该套教材由骨干教师编写，适合编程入门使用，富有地方特色，对于推进本市中小学编程教学的普及具有重要意义。

教材的使用说明：

一、本教材的性质

这是一本适合在小学普及编程思维的实验教材。学习编程不一定都要成为程序员，编程教育的主要目的是培养学生的编程思维。它能够帮助学生厘清逻辑过程、理解问题，从而可以高效地解决问题。本教材以程序结构和项目推进为主线，对于拓展小学生的编程能力，激发想象力，提高综合能力有独特的优势。

二、本教材的体系结构

本教材以课为单位、以程序设计流程为基础构建体系结构，循序渐进，让学生在项目设计中理解程序结构，从项目分析、思维导图、流程图、设计角色场景、编写脚本等方面理解编程过程。

三、本教材的内容设置

本教材从小学生的认知规律和知识水平出发，突出趣味性、基础性、创新性，结合程序设计的特点，为每课设计如下过程：

【本课学习要点】 使用简明扼要的语言叙述学习内容，明确程序目的。

【课程内容】 根据每个项目的特点，从程序分析、实现流程、设计角色场景、编写脚本、改进脚本、拓展思维等方面循序渐进地实现目标。

四、本教材的创新之处

本教材的创新之一是将“学生为主体，教师为主导”的教学理念和教学模式设计在每课中，将教法与学法整合于教材中。

本教材的创新之二是打破了传统的作业模式。实践拓展内容不设统一要求，只提出设想，每个学生都需要自主设计创意。

本教材的创新之三是每课的项目设计科学、详细，并有针对性，使用该教材既能发挥教师的主导作用，又为学生发挥创意留出充分的时间和空间。

五、本教材的适用范围和要求

本教材适合作为小学编程思维教育课教材使用，也可以作为地方课程或校本课程教材使用。

本教材中的软件对硬件设备的要求很低，学校计算机机房中的计算机即可满足要求。

目　录

第 1 章　经典游戏

第 1 课　跳一跳

本课学习要点

1. 灵活运用“侦测”模块。
2. 理解程序结构的嵌套。
3. 熟练使用逻辑运算。

有一款比较火的微信小游戏，名字叫“跳一跳”，被许多人用来消磨时光，或许你也玩过。这一课，让我们一起来用 Scratch 简单地模拟一下这个小游戏吧！

1.1　准备

1.1.1　绘制背景

(1)在“舞台”的背景区，设置填充背景为“灰色”，并复制一个。

(2)将名称分别修改为“标题”“灰色”。

(3)在“标题”中导入预先制作好的文字图片。

(4)最终效果如图 1.1 所示。

图 1.1　绘制背景

1.1.2　绘制角色

(1)绘制 3 个角色，如图 1.2 所示。

图 1.2　绘制角色

(2)复制“角色 1”一次，复制“角色 3”两次，如图 1.3 所示。

图 1.3　复制角色

(3)各角色的作用及游戏说明如下：

“角色1”“角色2”“角色3”在背景“标题”中出现(见图1.4)，单击“角色2”即进入游戏，切换背景，同时这3个角色将隐藏。

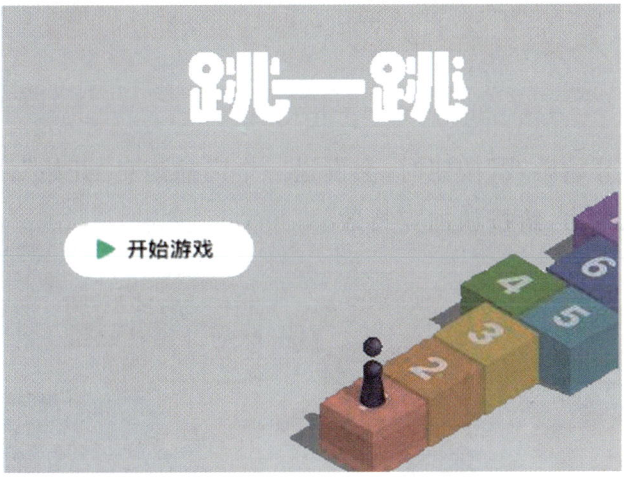

图1.4 开始画面

“角色4”“角色5”“角色6”为游戏角色，出现在背景“灰色”中，如图1.5所示。当按下左键时“角色6”缩小蓄力，松开左键时“角色6”还原，“角色4”则根据蓄力值进行弹跳。如果落点在“角色5”上，则积分增加，继续下一跳。

图1.5 游戏角色画面

1.2 编写脚本

(1)新建3个变量(得分、最高分、重力)，重力的作用是让小人模拟抛物线式的跳跃。

(2)背景脚本比较简单，当单击“绿旗”时背景切换为“标题”，当接收到“开始”消息时背景切换为“灰色”，如图1.6所示。

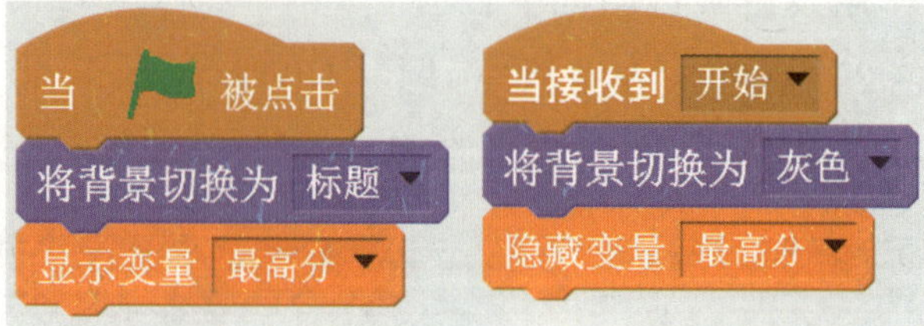

图 1.6　背景脚本

(3)当单击“开始游戏”按钮时，会发送一个广播消息“开始”，脚本如图 1.7 所示。发挥你的想象力，给按钮加点特效。

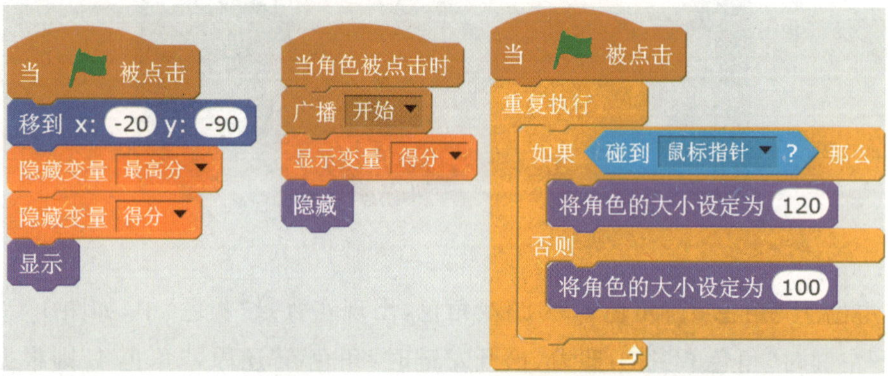

图 1.7　“开始游戏”按钮脚本

(4)“角色 1”“角色 3”的脚本只有初始位置不同，你也可以发挥想象给这 2 个角色加点特效，如图 1.8 所示。

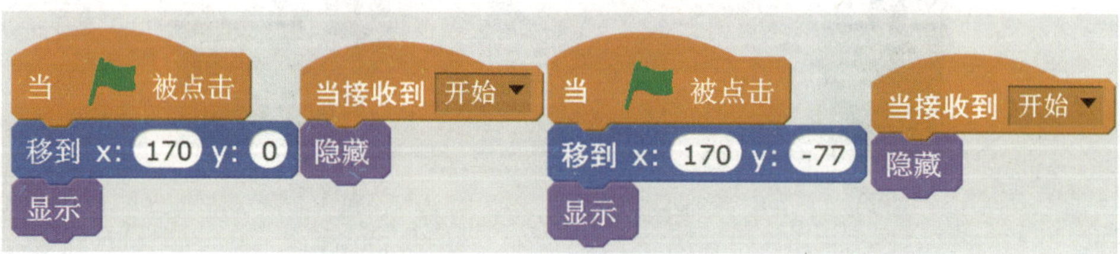

图 1.8　“角色 1”“角色 3”脚本

1.3　开始“跳一跳”

1.3.1　“角色 4”初始化

“角色 4”也就是“跳一跳”中的那个小人，其初始化脚本如图 1.9 所示。

当“绿旗”被单击时，“角色 4”隐藏，当接收到“开始”的消息时，“角色 4”回到初始位置并显示。

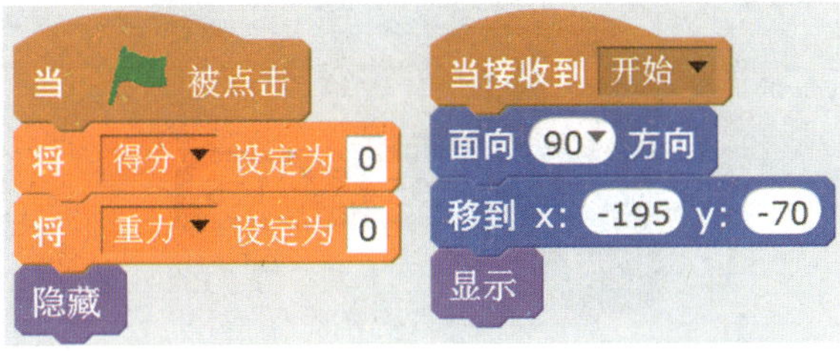

图 1.9 “角色 4”初始化脚本

1.3.2 “角色 5”“角色 6”初始化

(1)“角色 5”的初始化脚本如图 1.10 所示。当“绿旗”被单击时,“角色 5”隐藏,当接收到“开始”的消息时,“角色 5”显示在横向设定范围内的某一个位置。

图 1.10 “角色 5”初始化脚本

这里我们只是做一个 2D 平面的“跳一跳”游戏,所以只用了 x 轴方向的随机位置变化。“角色 5”的作用是接住跳过来的小人。

不管有没有成功接到小人,我们都需要给它一个新的位置,所以需要一个重复执行的侦测,脚本如图 1.11 所示。

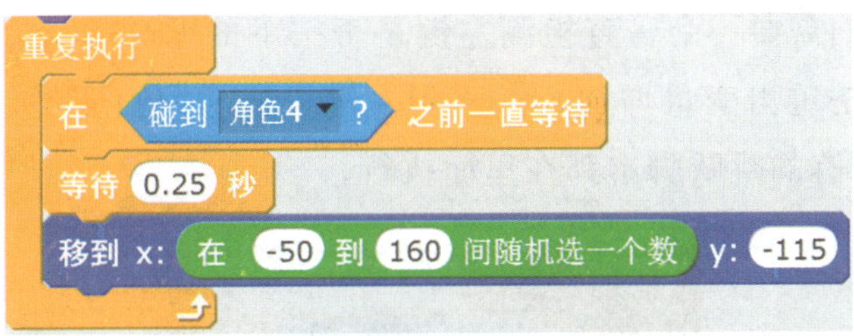

图 1.11 侦测碰到小人脚本

(2)“角色 6”的初始化脚本如图 1.12 所示。当“绿旗”被单击时,“角色 6”移动到固定位置并隐藏。

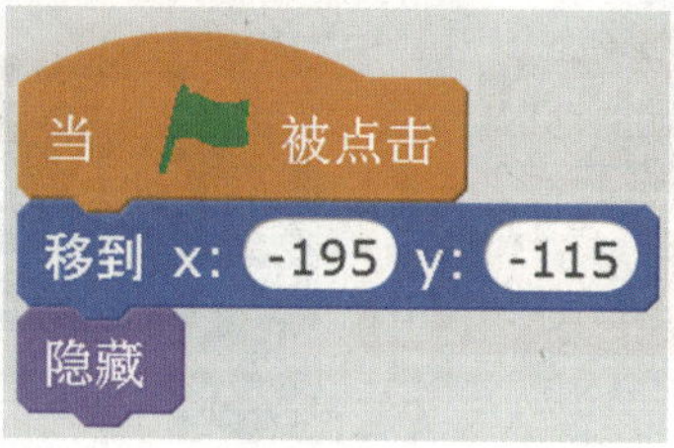

图 1.12 “角色 6”初始化脚本

当接收到“开始”的消息时，我们需要给它一个蓄力的动画，即按下左键“角色 6”开始缩小，松开左键“角色 6”恢复原始大小，脚本如图 1.13 所示。

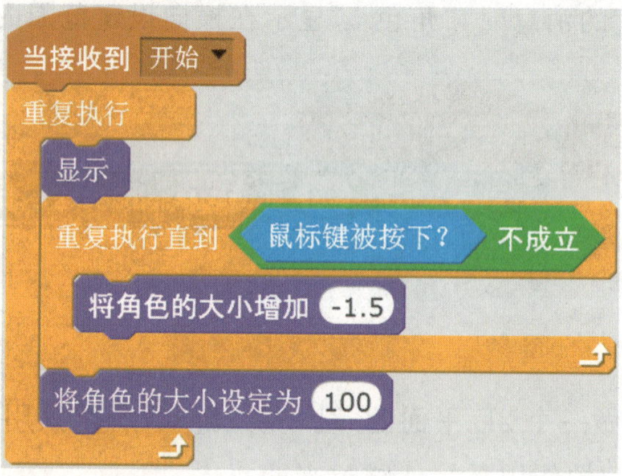

图 1.13 开始蓄力脚本

1.3.3 “角色 4”跳跃脚本

(1)首先我们需要一个一直检测左键是否按下的循环，只有当左键按下时才开始蓄力(也就是重力变量增加)，一直到左键松开时“角色 4”才能进行跳跃，如图 1.14 所示，所有的跳跃脚本都在里面执行。

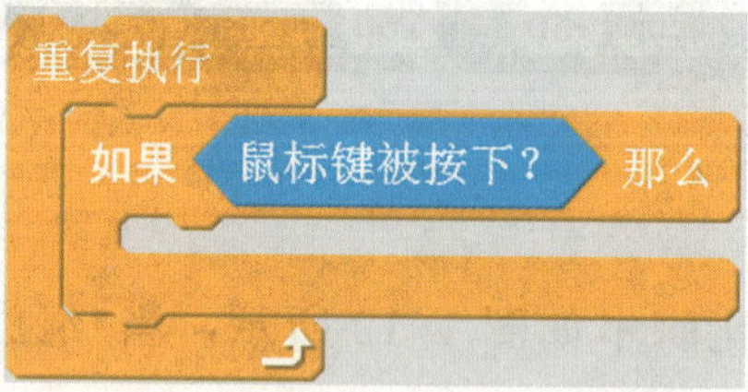

图 1.14 检测左键按下的脚本

(2)当完成蓄力、松开左键时，小人开始跳跃，蓄力脚本如图 1.15 所示。

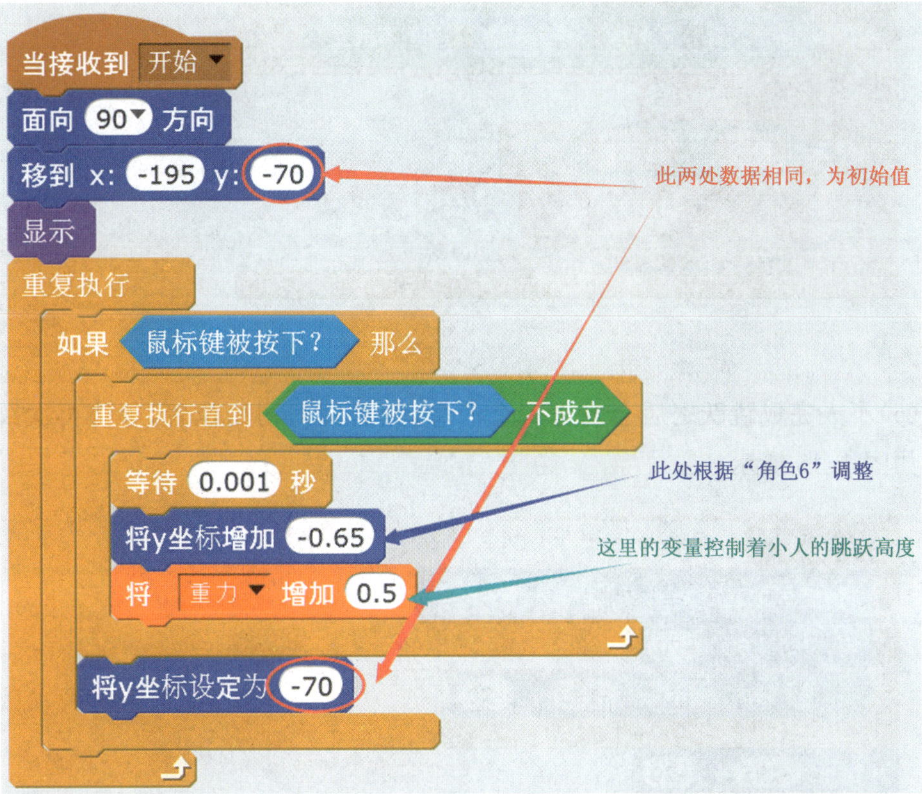

图 1.15 蓄力(重力变量)脚本

(3)小人开始跳跃的脚本如图 1.16 所示。

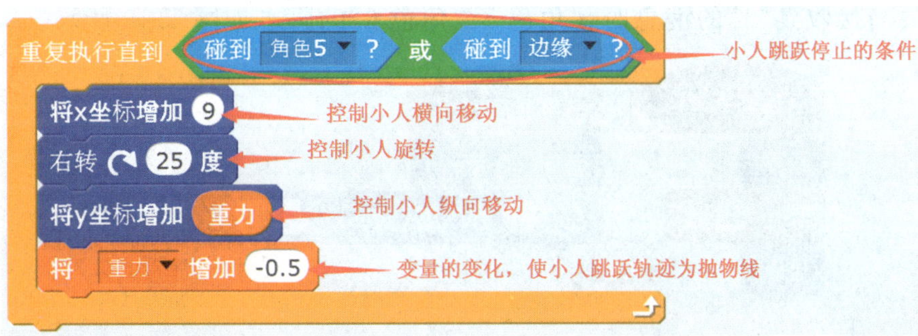

图 1.16 小人跳跃脚本

(4)只有当小人碰到“角色 5”的黑色(顶面)时才得分,否则不得分。然后判断一下当前得分与最高分纪录谁高谁低,如果当前得分高于最高分,则替换最高分。得分脚本如图 1.17 所示。

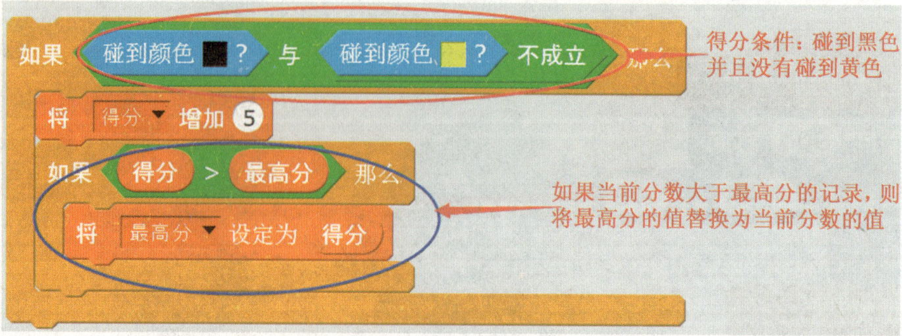

图 1.17 得分脚本

(5)小人完成跳跃之后会发送一个消息，然后回归初始位置，等待再次跳跃，脚本如图 1.18 所示。

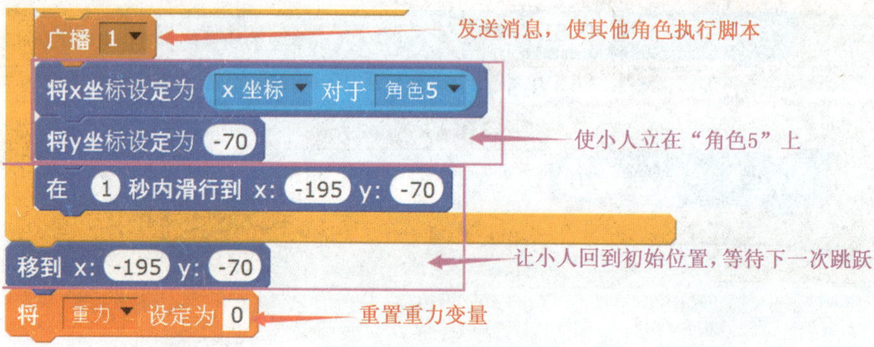

图 1.18 再次跳跃脚本

(6)当接收到"1"的消息时，"角色 5""角色 6"的脚本如图 1.19 所示。

图 1.19 "角色 5""角色 6"接收到消息"1"时的脚本

至此，简易的 2D 版"跳一跳"游戏便设计完成了，单击"绿旗"测试一下吧！

1.4 拓展

发挥想象力，添加一些小特效，如小人的大小变化、箱子的颜色变化、得分的规则、音效等。

第2课　打砖块

本课学习要点

1. 灵活运用随机数。
2. 了解"舞台"角色的排列。
3. 会使用"自定义"模块。
4. 弹奏音符驱动MIDI音效。

有一款已经推出约半个世纪的电视游戏，名字叫"打砖块"，这可是现在许多成年人的回忆呢，或许你也玩过。这一课，让我们一起来重现这个经典游戏吧！

2.1　准备

2.1.1　第一步

(1)在"舞台"的背景区，导入图"Sparkling"，命名为"第一关"。

(2)画一个新角色(使用矢量模式)。

(3)使用矩形工具画出长方形。

(4)使用填色工具，为长方形填入渐变色。

(5)将新画出来的角色命名为"挡板"。

(6)为挡板加上"当'绿旗'被点击""将角色大小设定为20""重复执行""移到x:'鼠标的x坐标'　y:－125"指令。

(7)单击"绿旗"测试下挡板是否变小了，是否会维持在舞台下方的位置，是否跟着鼠标移动。

这个步骤会让挡板缩小，然后不停地移动到鼠标的x坐标，但是y坐标不变。挡板脚本如图2.1所示。

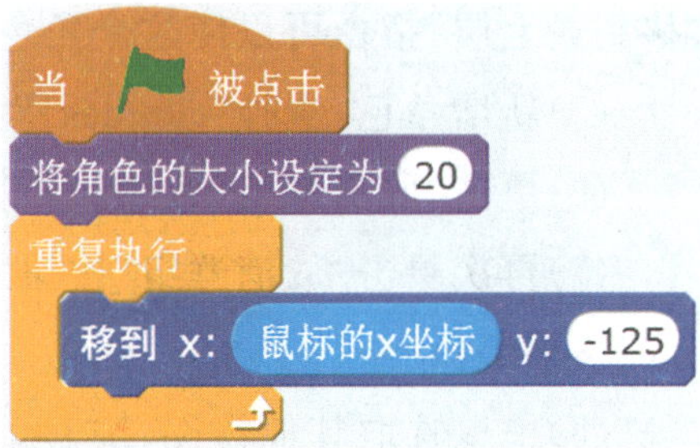

图2.1　挡板脚本

2.1.2　第二步

(1)新增一个角色，导入图"Button1"，命名为"弹球"。

(2)新增一个变量"速度"。

(3)为"弹球"加入"当'绿旗'被点击"

“移至最上层”“将‘速度’设定为 5”“广播开始”指令。

（4）在下方再另外加入“当接收到准备发射”“重复执行直到‘按键空格是否按下？’”“移到挡板”“面向在 －60 到 60 间随机选一个数方向”“广播准备开始”指令。

这个步骤会让“弹球”移到“挡板”上，直到按下空格键，才会进行“开始”的动作，而“弹球”的方向是由变量决定的。“弹球”脚本如图 2.2 所示。

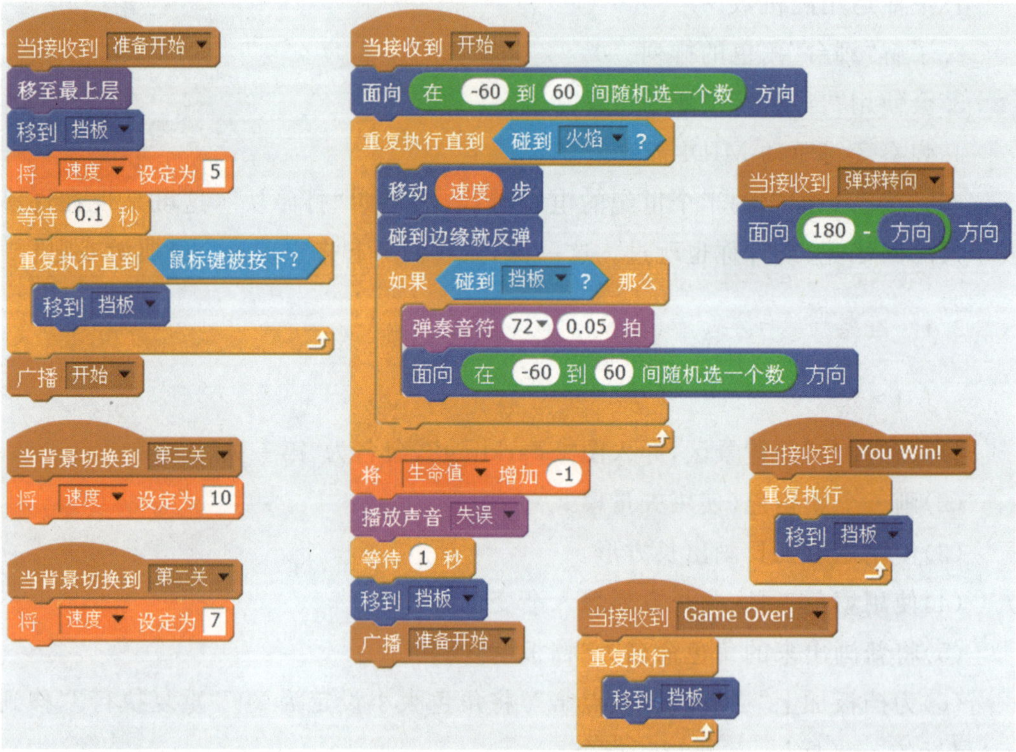

图 2.2 “弹球”脚本

在舞台上，有可能出现角色位置重叠的情况，导致某个角色被别的角色盖住。“移到最上层”指令可以使这个角色不被其他任何角色盖住。

（5）新增角色，选择“candles1”作为造型，在“造型”区单击它即可。

（6）单击“取消群组”按钮。

（7）再次单击“取消群组”按钮之后，拖曳选取“火”的部分，这样就可以把“火”分离出来了。

（8）拖曳选取其他物件，按 Delete 键删除。

（9）使用箭头工具，选择“火焰”的黄色与橘色部分。

（10）单击“群组”按钮，再复制出多个“火焰”，并排列整齐。

(11)完成后，把“火焰”拖曳到舞台下方。

(12)把这个角色命名为“火焰”，如图 2.3 所示。

复制“火焰”时，先复制四五个，然后把它们“群组”起来，接着再复制、粘贴，这样就可以一次复制四五个“火焰”了。

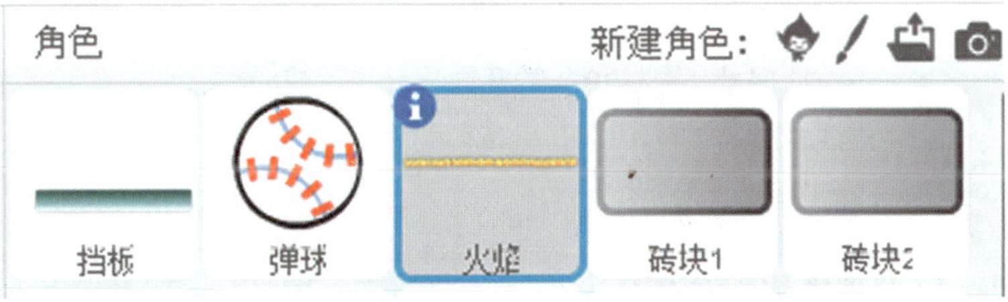

图 2.3 画“火焰”

(13)这个游戏要使用“挡板”去接“弹球”，如果没接到就会减少生命值。当“弹球”碰到“火焰”时，也代表没接到“弹球”。

(14)为“弹球”加上“当接收到开始”“重复执行直到碰到火焰?”“移动速度步”“碰到边缘就反弹”指令。

这个步骤会让“弹球”不断地重复移动，直到碰到“火焰”为止。而“弹球”移动的距离是由变量“速度”来控制的，目前速度的值是 5，脚本如图 2.4 所示。

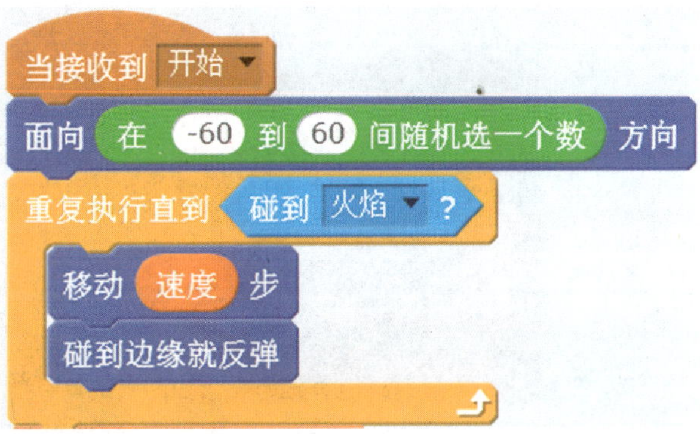

图 2.4 重复移动脚本

(15)在“碰到边缘就反弹”的下方插入“如果碰到挡板? 那么”“面向在－60 到 60 间随机选一个数方向”等指令。

(16)加上“等待 1 秒”“移到挡板”“广播准备开始”等指令，脚本如图 2.5 所示。单击“绿旗”测试一下。

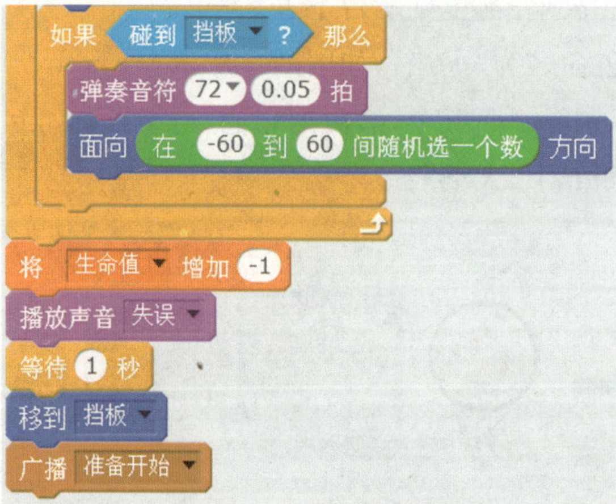

图 2.5　部分脚本

这个步骤会让“弹球”在碰到“火焰”1 秒后移到“挡板”上，再准备开始。

2.2　第一关

（1）新建 3 个变量（生命值、分数、关数），让它们显示在舞台上。

（2）在舞台的脚本区，加上“当‘绿旗’被点击”“将生命值设定为 5”“将分数设定为 0”“将关数设定为 1”指令，如图 2.6 所示。

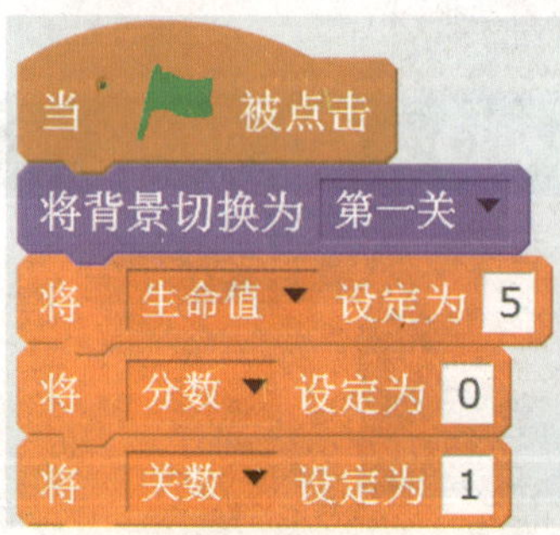

图 2.6　背景脚本

（3）新增角色，导入图“Button2”，将其命名为“砖块 1”。

（4）将第一个造型命名为“正常”。

（5）为“砖块 1”加上“当‘绿旗’被点击”“将造型切换为正常”“显示”“面向 90 方向”“移到 x：−180　y：40”指令。

（6）在下方加上“重复执行直到‘关数>1’”指令。

这个步骤设置的是“砖块 1”的初始值，如图 2.7 所示。

图 2.7 设置“砖块 1”的初始值

目前的关卡是第一关，所以关数的值是 1。这个循环只会在第一关执行，到了其他关就不会执行这里面的脚本指令了。

(7)在“重复执行”模块里面，加上“如果碰到弹球？那么”“将分数增加 10”“广播弹球转向”“隐藏”等指令，如图 2.8 所示。

图 2.8 重复执行脚本

这个步骤会使砖块在碰到“弹球”后隐藏，同时增加 10 分，并发出广播让“弹球”转向。

“弹奏鼓声”指令可以用来驱动声卡的 MIDI 音乐，它是一种计算机合成的声音。目前有 18 种鼓类乐器选项。

也可以使用“弹奏音符”指令，有 Low C 到 High C 2 个 8 度音供选择，还可以根据规律自行输入需要的音符数值。

(8)复制出 9 个砖块，依次命名为“砖块 2”至“砖块 10”，如图 2.9 所示。

图 2.9　复制出 9 个砖块

每个砖块的水平位置间隔 40 点，如第 1 块的 x 轴定在 -180，第 2 块就是 -140，接着是 -100、-60、-20，依此类推，第 10 个砖块就是 180 了。

如果我们使用鼠标拖曳砖块，手动对准它们，是很难对齐的；如果我们使用有规律的数字，就很容易了。

（9）在弹球的脚本区加上“当接收到弹球转向”“面向 180－‘方向’方向”指令。脚本如图 2.10 所示。

图 2.10　弹球转向

“方向”是一个系统变量，它的值是目前这个角色的方向值，直接从“动作”类中拖动使用即可。

至此，第一关设计便完成了，单击“绿旗”测试一下吧！

2.3　第二关

现在开始设计第二关，将砖块再复制 10 个，依次命名为“砖块 11”至“砖块 20”，将它们的 y 坐标值都改为 60，将造型中的蓝色造型命名为“加厚”，如图 2.11 所示。

这样的砖块需要“弹球”碰撞 2 次后才会消失。

图 2.12 为砖块 11 的脚本，复制到其他砖块即可。

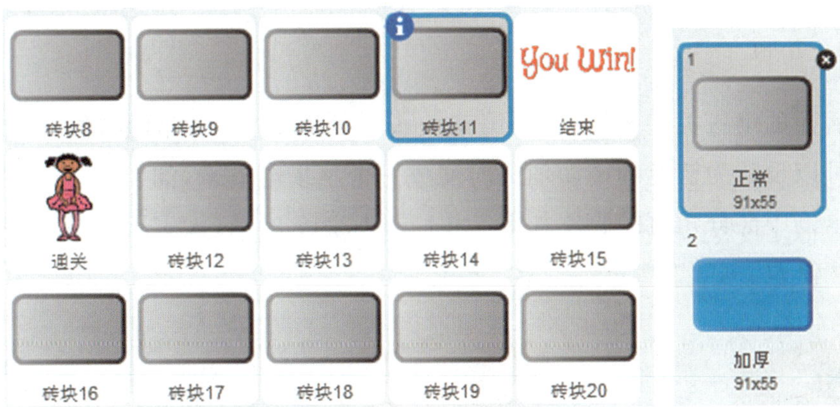

图 2.11　第二关砖块

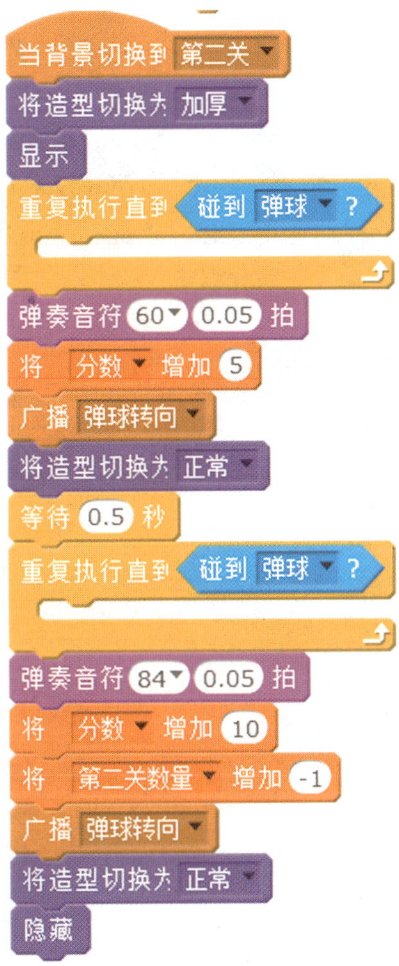

图 2.12　砖块 11 脚本

就这样，第二关也设计完成了，单击“绿旗”测试一下吧！

2.4 扩展

在后面的第三关甚至第四关、第五关……可以加上一些好玩的效果，如在第三关中可以设计为蓝色的砖块消失时变成一个苹果落下来，如果挡板接住就可以加分。本例中部分角色的脚本如图 2.13 至图 2.17 所示，大家可以参考并根据自己的想法修改。

图 2.13 舞台脚本

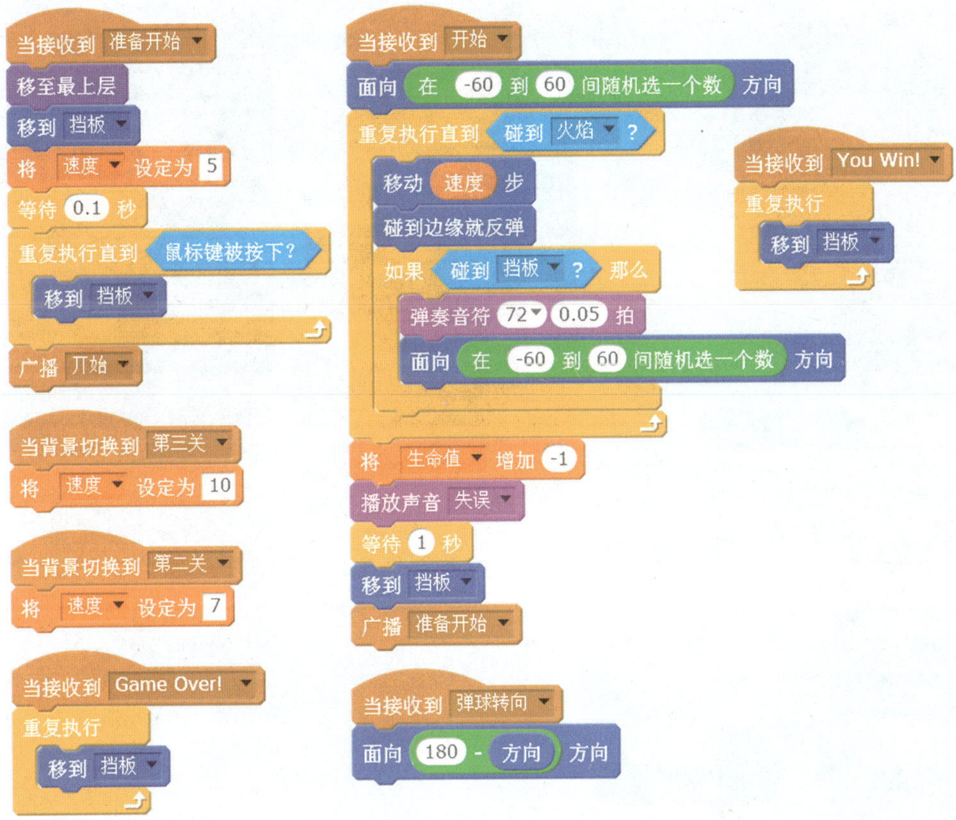

图 2.14 弹球脚本

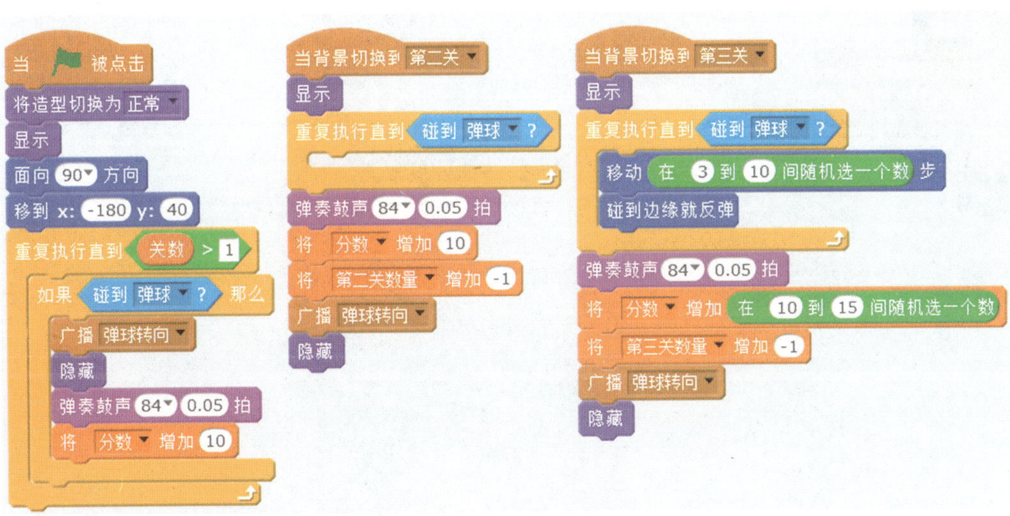

图 2.15 砖块 1～10 脚本

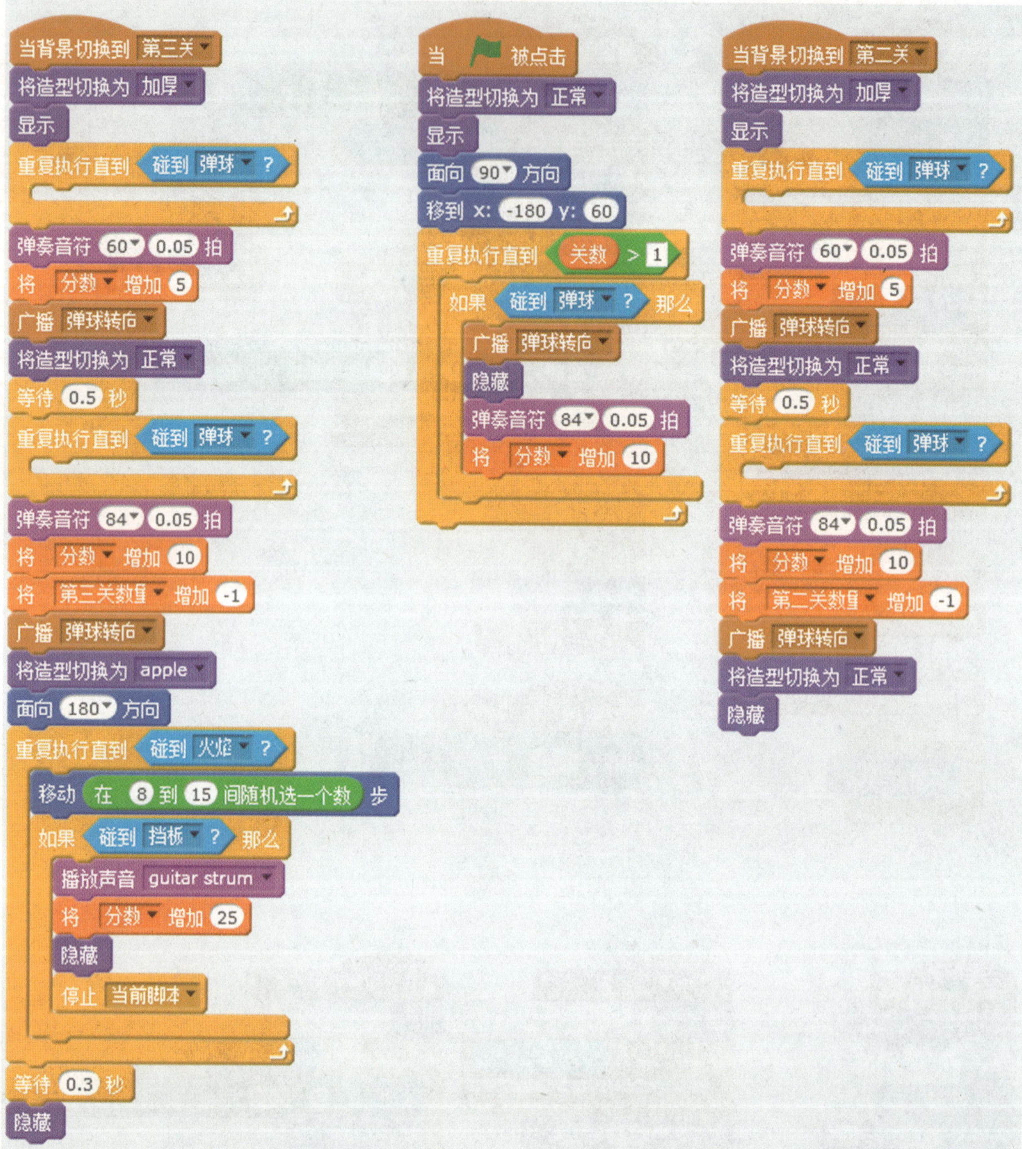

图 2.16　砖块 11~20 脚本

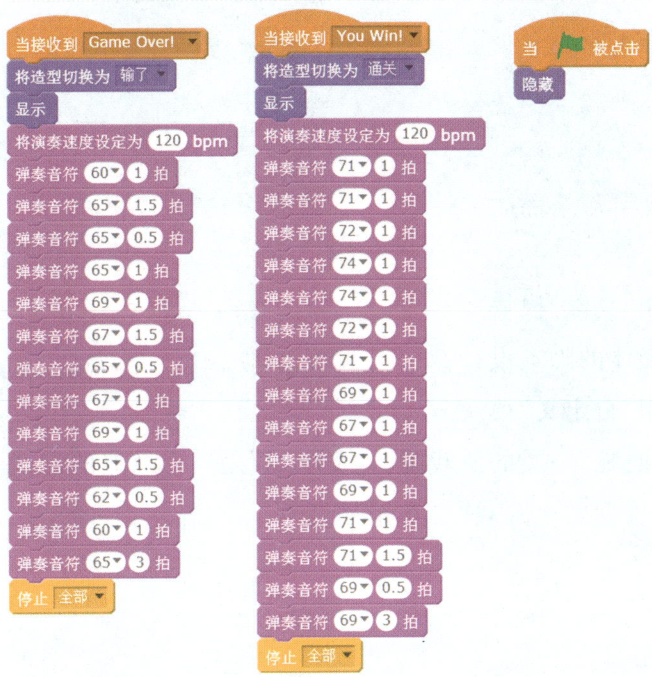

图 2.17　通关和失败的音效脚本

本例最终脚本及运行效果如图 2.18 所示。

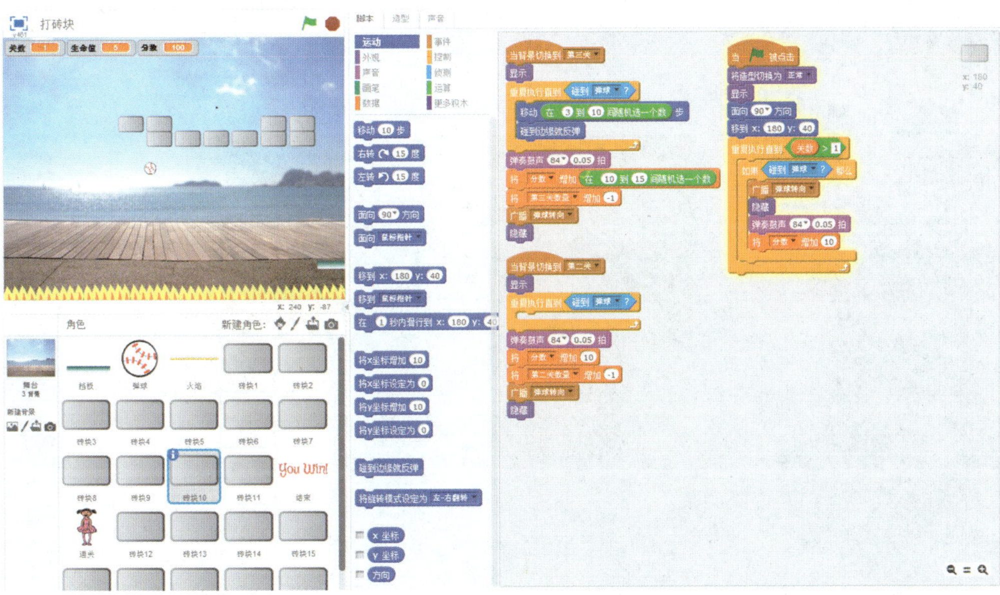

图 2.18　“打砖块”

第 3 课　贪吃蛇

本课学习要点

1. 熟练使用“克隆”模块。

2. 了解克隆体的脚本设计。

3. 灵活使用“自定义”模块。

你玩过“贪吃蛇”一类的游戏吗？“贪吃蛇”是一个经典的游戏，非常好玩。这一课，我们就来重现经典游戏“贪吃蛇”吧！

3.1　设计蛇移动的动作

3.1.1　画出“贪吃蛇”

在舞台的背景区，填充你喜欢的颜色，并将其命名为“第一关”，如图 3.1 所示。

图 3.1　画第一关背景

在角色区画一个角色“蛇”，这个角色包含“头部”和“身体”2 个造型，如图3.2所示。

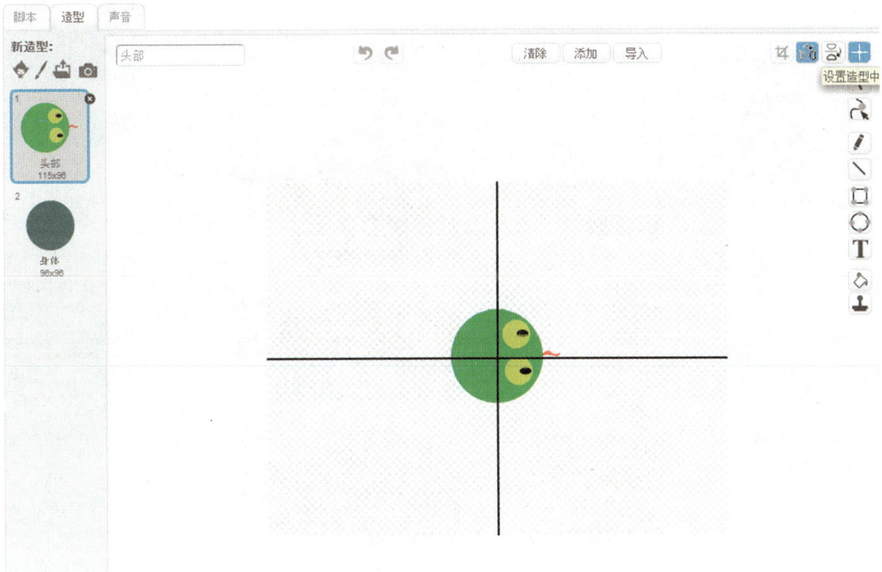

图 3.2 画蛇头

3.1.2 设定蛇的动作

“贪吃蛇”游戏的流程图如图 3.3 所示。

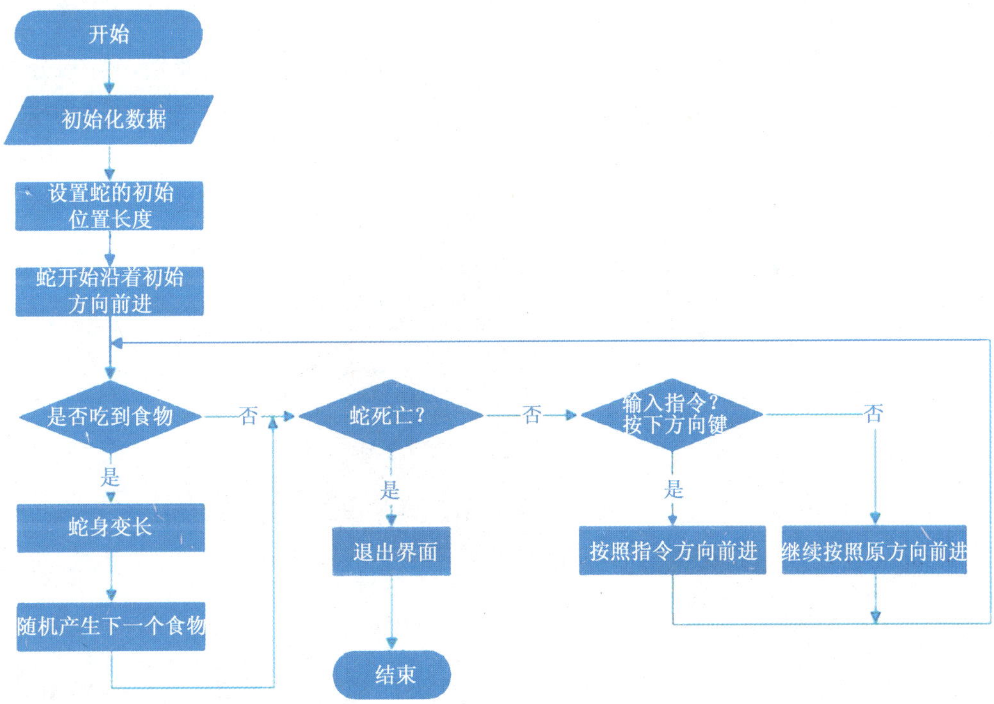

图 3.3 流程图

根据流程图来设计“蛇”的动作脚本。

这里要设置按下“上移”“下移”“左移”“右移”键时，可以改变“蛇头”所面对的方向，如图 3.4 所示。

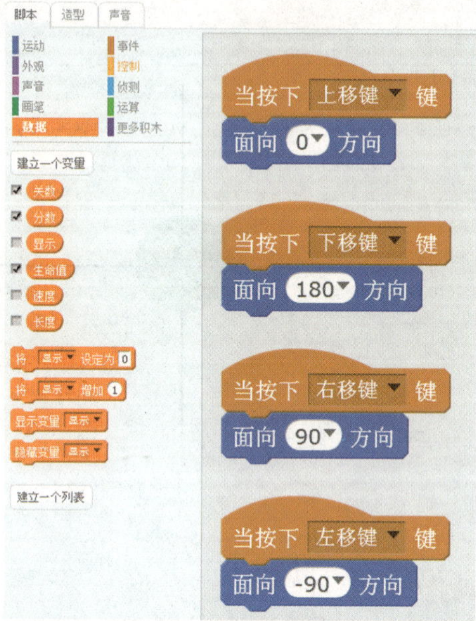

图 3.4　按键事件

在舞台的数据指令区新增分数、生命值、速度、长度、关数 5 个变量，其中，分数、生命值、关数显示在舞台上，并在脚本区设置这 5 个变量的初始值，如图 3.5 所示。

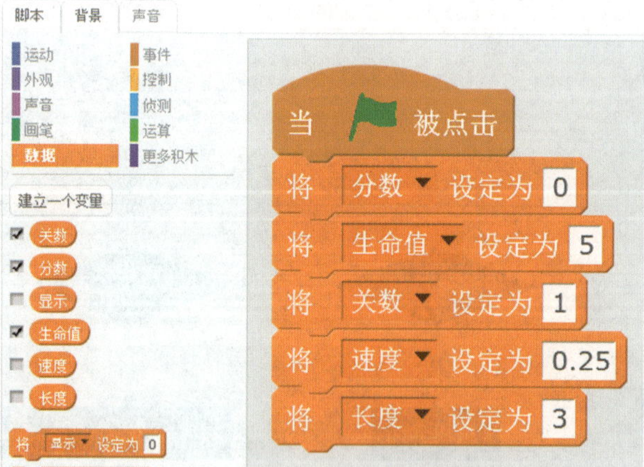

图 3.5　新增 5 个变量并设置初始值

在角色“蛇”的脚本区加入“当‘绿旗’被点击广播‘从头开始’”指令，如图 3.6 所示。

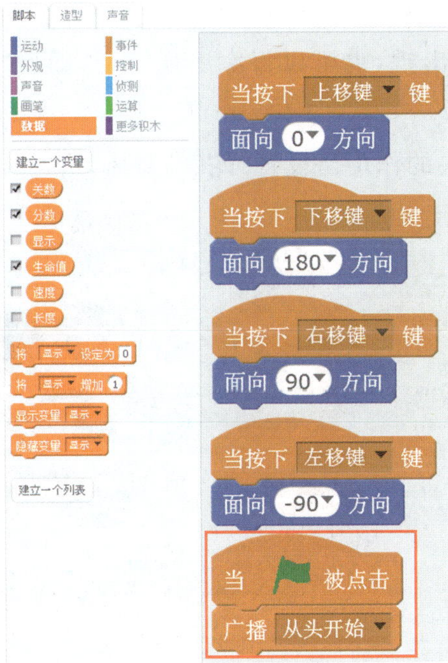

图 3.6 添加指令

为什么不在“当‘绿旗’被点击”下方直接加入“从头开始”的程序指令呢？这是因为，“从头开始”的动作除了发生在单击“绿旗”时，还发生在“蛇”死亡或过关时，所以我们要把它独立出来。

接收广播“从头开始”的脚本如图 3.7 所示。

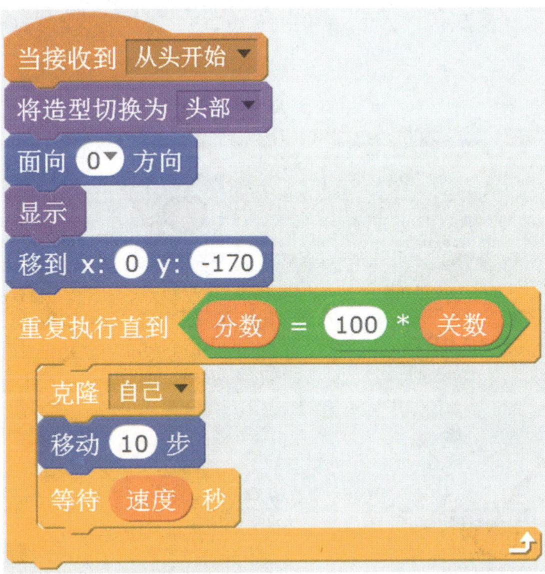

图 3.7 “从头开始”脚本

每一关会有 10 个食物，每个 10 分，所以得到 100 分时，就代表过关了。这 10 个食物可以一次性全部出现，也可以每次出现 1 个，即当“蛇”“吃掉”一个食物的时候才会出现下一个。

在这里，“克隆”模块的作用是设置“蛇”的身体，脚本如图 3.8 所示。

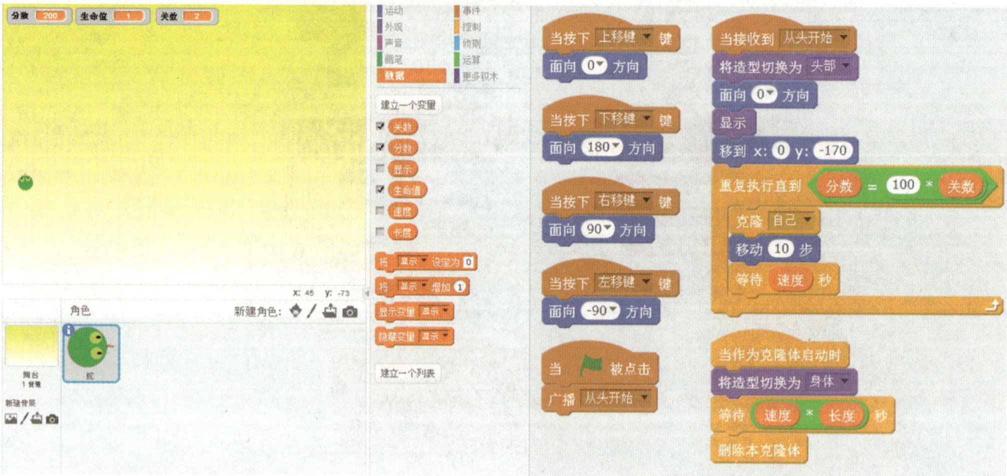

图 3.8 克隆脚本

单击“绿旗”测试一下吧！使用方向键就可以控制“蛇”了，是不是很可爱呢？

3.2 设计蛇的食物

新增一个“Apple”角色，并重命名为“食物”，将造型命名为“第一关”，如图3.9 所示。

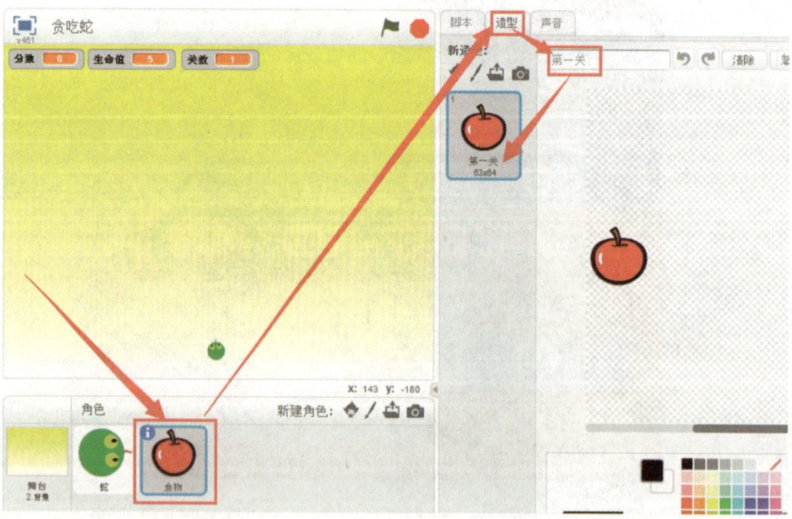

图 3.9 新增“食物”角色

给“食物”编写脚本，如图 3.10 所示。

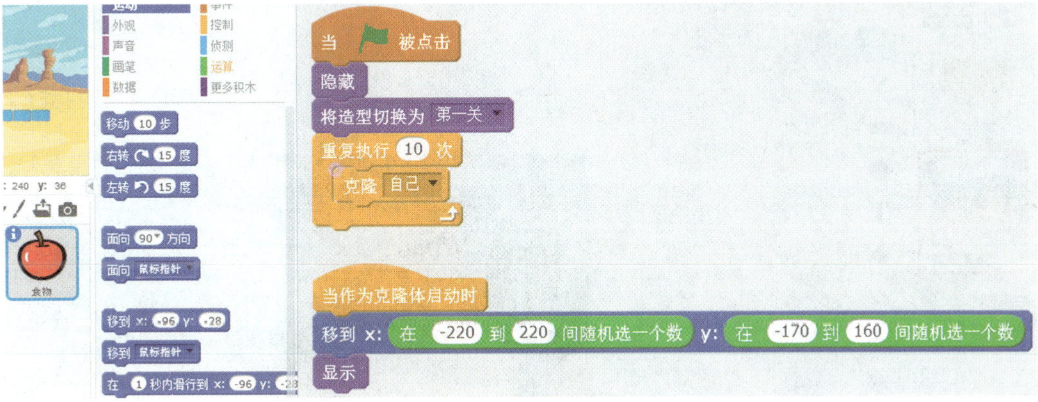

图 3.10 “食物”脚本

为了让克隆体出现的位置由“随机数”决定，又为了使“食物”不至于出现在太边缘的位置，所以要对 x、y 值做一点调整，如图 3.11 所示。

当“蛇”碰到“食物”时，“食物”消失，同时增加分数，“蛇”的长度也增加。

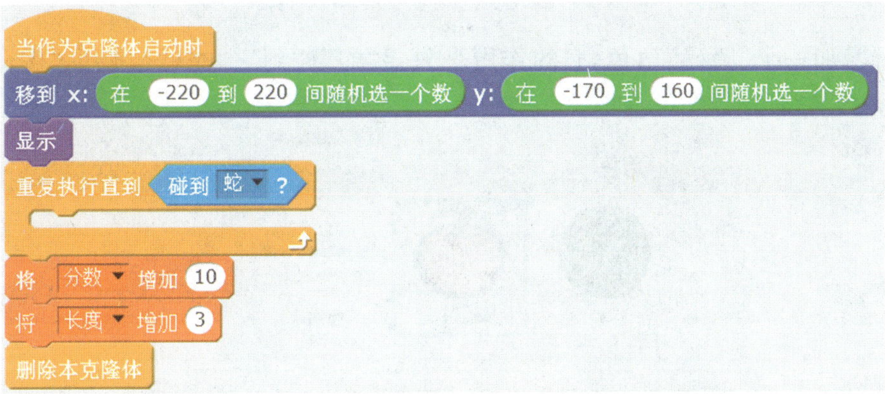

图 3.11 设置 x、y 值

再单击“绿旗”测试一下吧！

为了让画面更有趣，可以在“食物”上再加入一些指令，比如加上让“食物”左右摆动的指令。

第一关只是热身而已，到了第二关，我们再加一道障碍，“蛇”碰到障碍，就会减少“生命值”。我们还可以让“蛇”的移动速度变快。

3.3 设定第二关的背景和角色

加入第二关的背景，如图 3.12 所示。

图 3.12　第二关背景

新增加一个“障碍”角色，它的作用是只要“蛇”碰到它，蛇就会减少“生命值”，如图 3.13 所示。

图 3.13　“障碍”角色

切换到“食物”的造型区，增加第二关的食物，如图 3.14 所示。

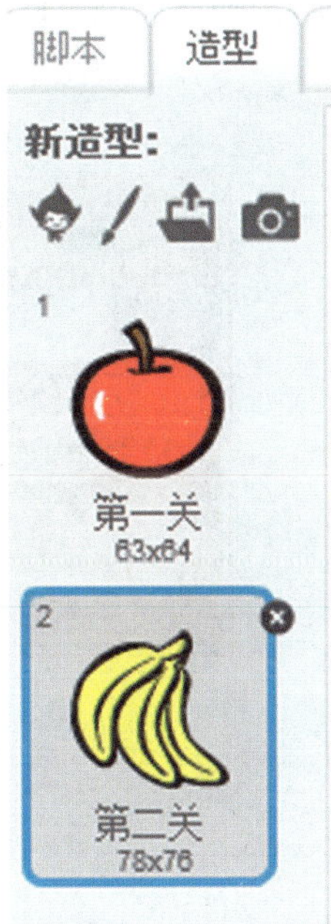

图 3.14　第二关食物

3.4　设计舞台的程序

加入切换舞台背景的条件，改变变量“关数”“速度”“长度”的值，如图 3.15 所示。

图 3.15　改变变量的值

3.5　设计蛇的程序

增加一个变量“显示”，用来记录角色“蛇”的分身是否显示。

在“蛇”的脚本区增加一段脚本，如图 3.16 所示。

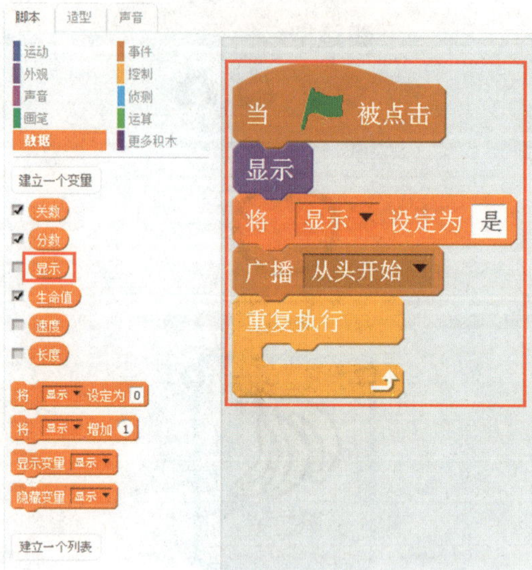

图 3.16　显示脚本(一)

继续完善脚本，如图 3.17 所示。

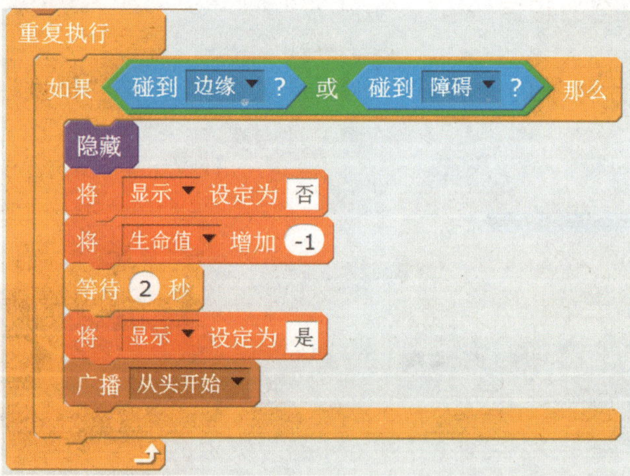

图 3.17　显示脚本(二)

图 3.17 的脚本会让“蛇”在碰到“边缘”或“障碍”时，消失 2 秒，并且减少“生命值”。

图 3.18 的脚本会让“蛇”在碰到“障碍”或“边缘”时，所有的克隆体消失。

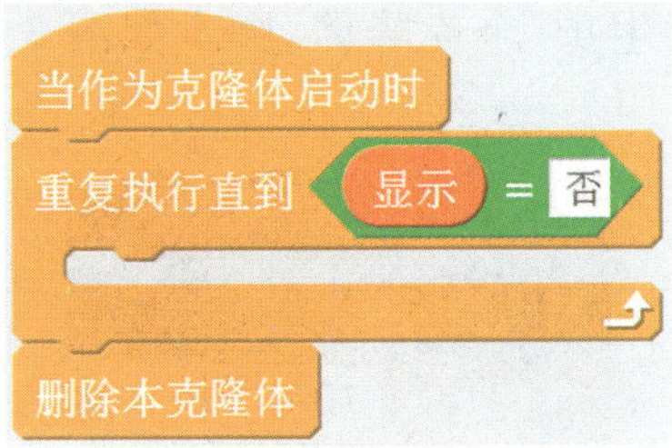

图 3.18　显示脚本(三)

进入第二关后,要让第一关的分身消失,然后让"蛇"从头开始,如图 3.19 所示。

图 3.19　第一关分身消失

3.6　设计"食物"和"障碍"的程序

"食物"如果出现在"障碍"上面,那么,"蛇"吃到"食物"就等于碰到"障碍",这样"蛇"就会死。所以,我们要判断"食物"出现的位置是否会有碰到"障碍"的情况,如果有,就重新找一个位置,如图 3.20 所示。

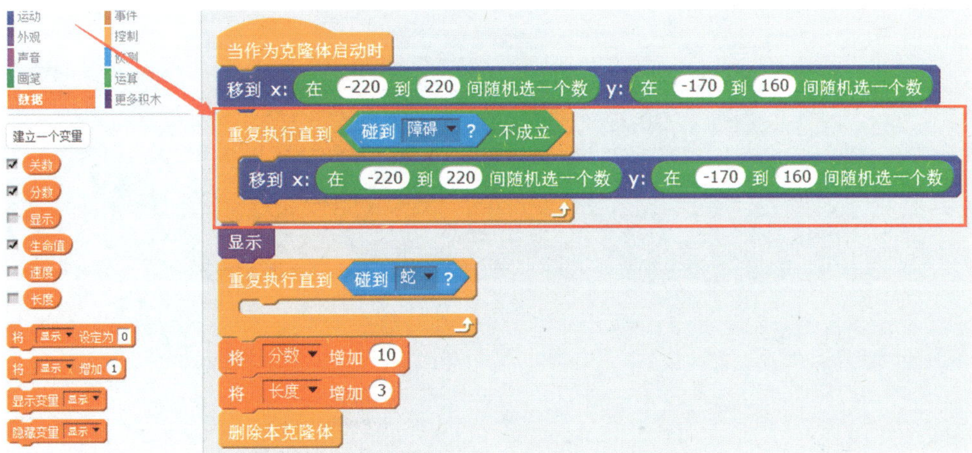

图 3.20　判断"食物"是否出现在"障碍"上

进入第二关后，重新产生 10 个克隆体，脚本如图 3.21 所示。

图 3.21　克隆脚本

切换到角色“障碍”的脚本区，加入图 3.22 中的指令。

图 3.22　添加指令

第二关设计完成之后，只要用同样的模式再进行设计，就可以无限延伸关卡了，你想做几关都行。自己试着设计一下第三关、第四关……吧！

在设计过程中，还可以加上通关和失败的音效等效果。

第 4 课　朵拉找茬

本课学习要点

1. 了解不同事件的运用。
2. 掌握“外观”类模块的使用。
3. 设计项目:朵拉找茬。

大家都看过动画片《朵拉》吧！这是一部既有趣又能学习英语的动画片,今天我们就来做个编程游戏“朵拉找茬”。

4.1　项目分析

找茬类游戏有 2 种模式:一是 2 张不同的图片同时显示,这样可以方便查看不同点;二是 2 张图片不同时显示,需要反复切换或者凭记忆寻找不同点。

不管是哪一种模式,在 Scratch 编程中,要模拟游戏,都有 2 种方式来记录不同点以便于查找比较:一种是记录不同点的坐标,检测鼠标被按下时所在的位置;另一种是将不同点单独设置为一个角色,通过事件“当角色被单击”来检测。

本节课用对比显示模式和角色单击的方式来展示脚本编写过程。

4.2　设置背景和角色

首先,将做好的对比图片导入背景中,需要做几个关卡就准备几幅图片;其次,把图片的不同之处提取出来作为角色导入,并拖动放置到图片的原始位置;最后,为了美化项目,可以准备几张用于提示的按钮和卡通人物角色。设置后的效果如图 4.1 所示。

图 4.1　设置背景和角色

4.3　编写脚本

4.3.1　初始化设置

设想：单击“绿旗”后，背景切换为空白，显示“朵拉”角色，其他角色全部隐藏，“朵拉”说“欢迎语句”；然后进入关卡选择，背景切换为选择页面，显示关卡小图，等待选择；单击关卡小图，切换相应关卡背景，显示关卡相应的不同角色；单击不同点时不同点消失并加分。思维导图如图 4.2 所示。

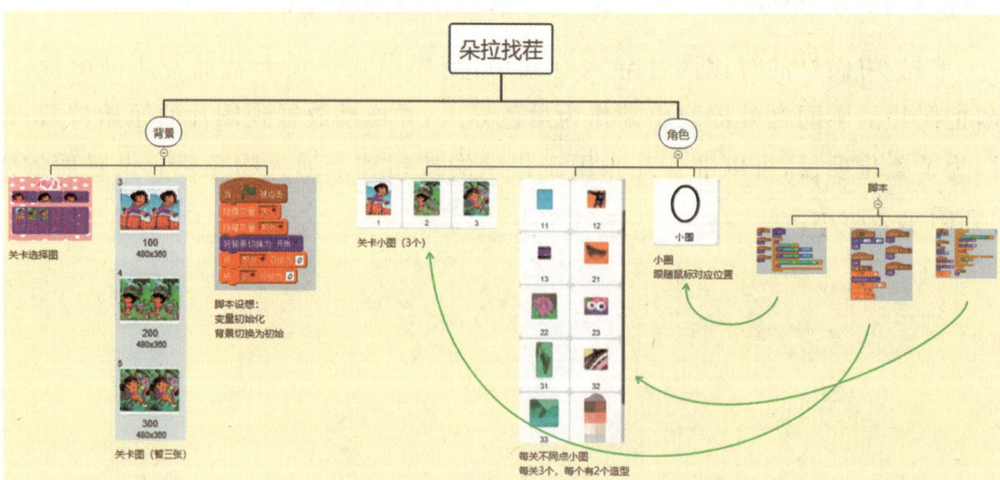

图 4.2　思维导图

4.3.2 编写角色跟随鼠标对比脚本

用一个"小圈"角色跟随鼠标位置并进行对比,如图 4.3 所示。

图 4.3 鼠标对比

由于进入每一关之后都需要运行这段脚本,所以使用了"自定义"模块。角色要根据在舞台上的位置,被限制在图片的范围之内运动,脚本如图 4.4 所示。

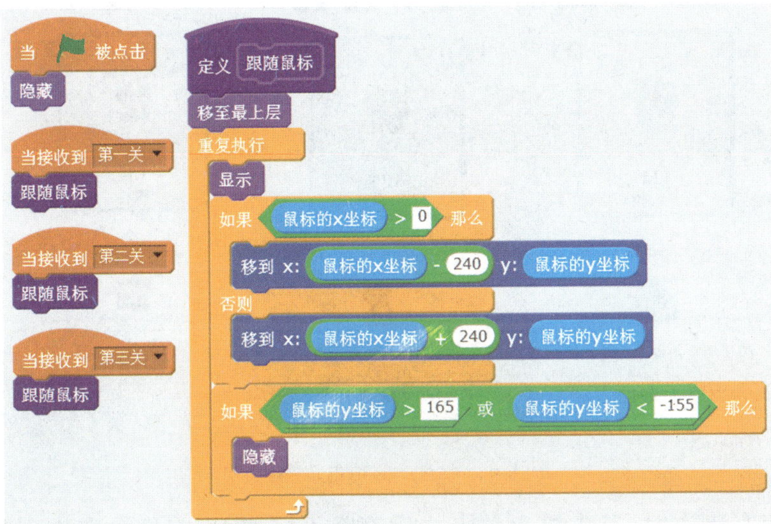

图 4.4 角色跟随鼠标对比脚本

4.3.3 编写关卡小图脚本

关卡小图角色的脚本比较简单,"当角色被点击时"切换到相应关卡,并隐藏所有小图角色和显示相关的变量信息。第一关小图角色脚本如图 4.5 所示。

图 4.5　第一关小图角色脚本

4.3.4　图片不同点的设置及脚本

将每个不同点单独设置为一个角色，每个角色有 2 种造型用来保存不同点图片，尽量使这 2 种造型的大小相同。图 4.6 所示为第一关 3 个不同点的造型。

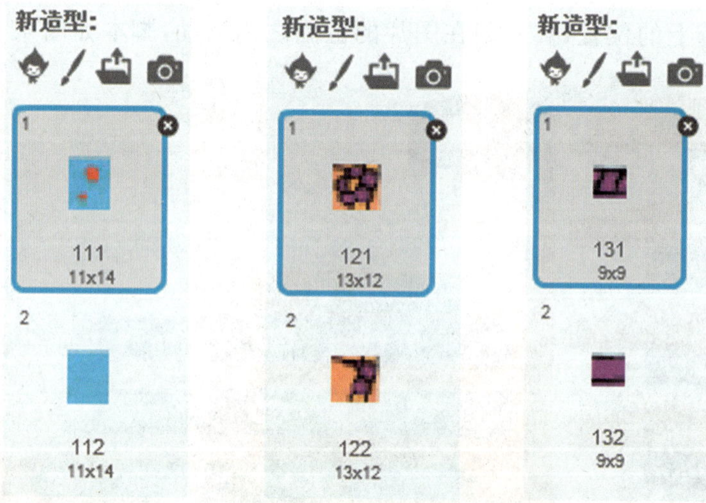

图 4.6　不同点的角色造型设置

开始编写脚本时，首先进入关卡之后克隆不同点，将它们分布在对比图上，脚本如图 4.7 所示；然后开始设置找到不同点并单击之后的脚本，本体角色直接设置“当角色被点击”事件即可。由于克隆体没有“被单击”事件，需要检测按下鼠标及鼠标所在的坐标，脚本如图 4.8 所示。

图 4.7 克隆点脚本

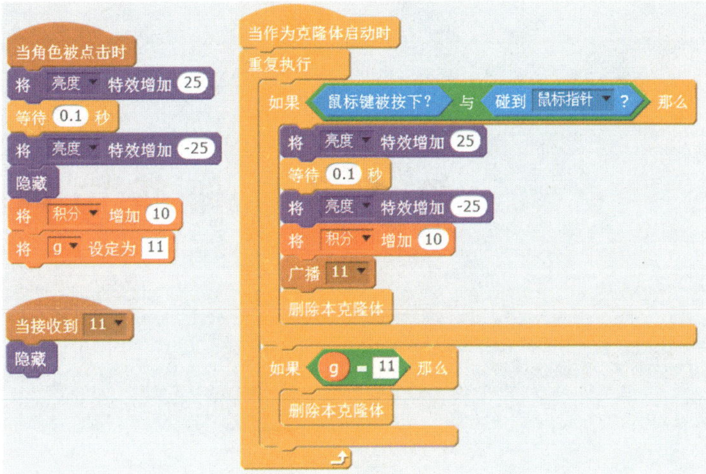

图 4.8 克隆体检测

4.3.5 项目脚本(第三关)

“朵拉找茬”项目脚本及效果如图 4.9 所示。

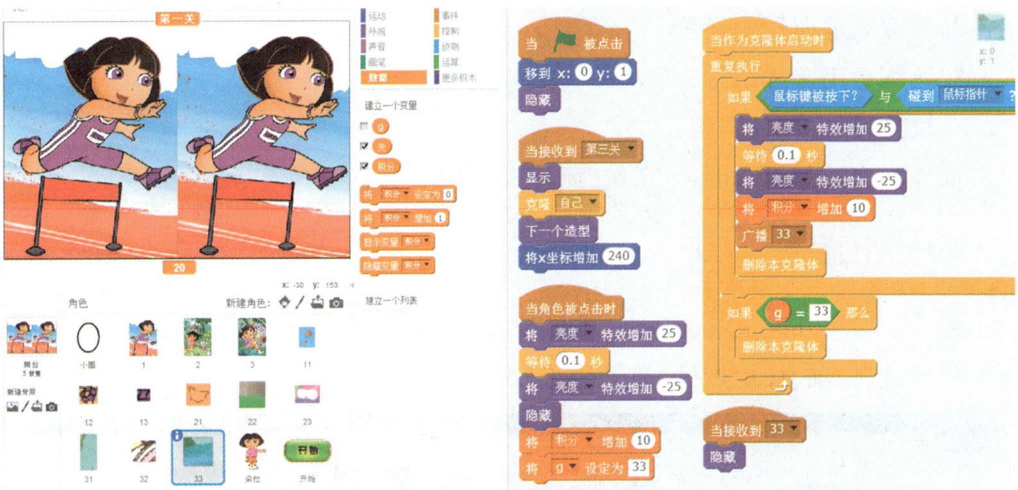

图 4.9 “朵拉找茬”

第 2 章　创新应用

第 5 课　简易画板

本课学习要点

1. 灵活运用广播。
2. 了解画笔属性的设置。
3. 熟练运用流程结构。
4. 设计项目：简易画板。

设计一个类似 Windows 系统“画图”软件的项目。

5.1　项目分析

图 5.1 为 Windows 10 系统“画图”软件的界面，我们来设计一个简单的只包含部分颜色、粗细、橡皮擦的“简易画板”。

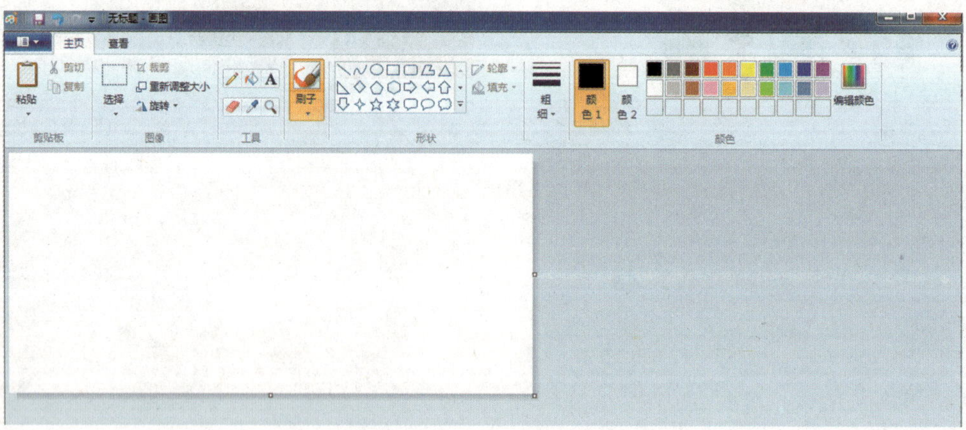

图 5.1　Windows 10 系统“画图”软件界面

首先，我们需要有一支画笔，运行后画笔一直跟随鼠标移动，按下鼠标左键表示落笔，松开表示抬笔；其次，需要几个色块的角色，单击色块可改变画笔画线的颜色；再次，需要几条粗细不等的线条的角色，单击之后可改变画笔画线的粗细；最后，需要一个橡皮擦的角色，由于 Scratch 没有擦除功能，只能一次性清空，所以这里可以使用画板的背景色作为画笔颜色来模拟擦除效果。完成以上后，再画一个背景作为画板就可以了，思维导图如图 5.2 所示。

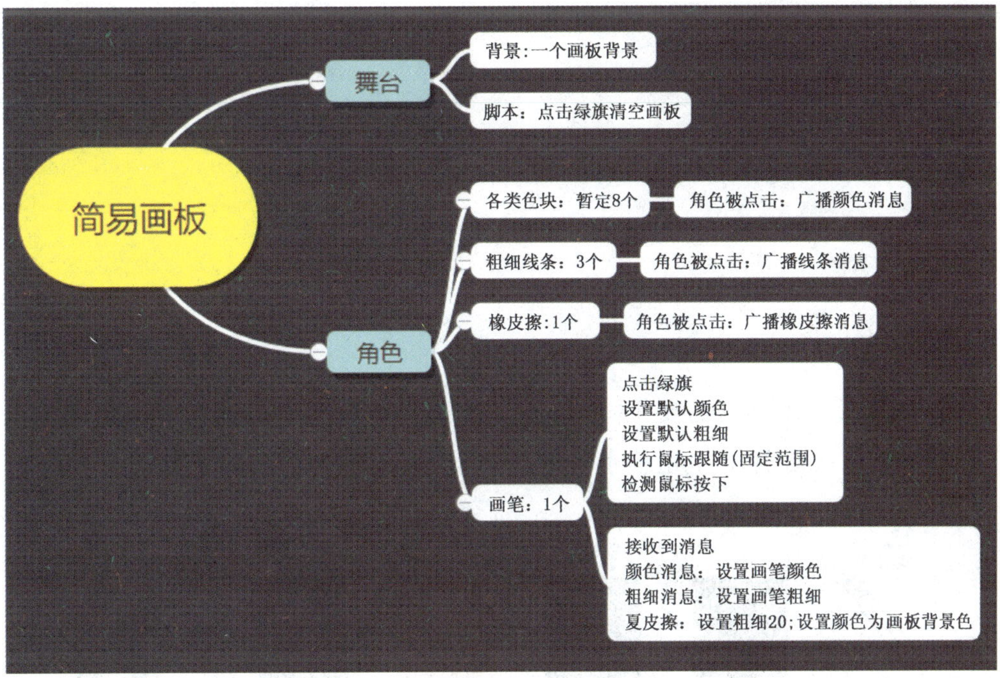

图 5.2 思维导图

5.2 导入背景

简单画一个背景图，如图 5.3 所示。左边灰色部分为放置工具角色的区域。

图 5.3　画板背景

5.3　设置角色

根据图 5.2，本项目需要 13 个角色。首先从角色库中找到铅笔的角色导入，然后画 8 个色块角色、3 个粗细不等的线条角色、1 个橡皮擦角色，如图 5.4 所示。

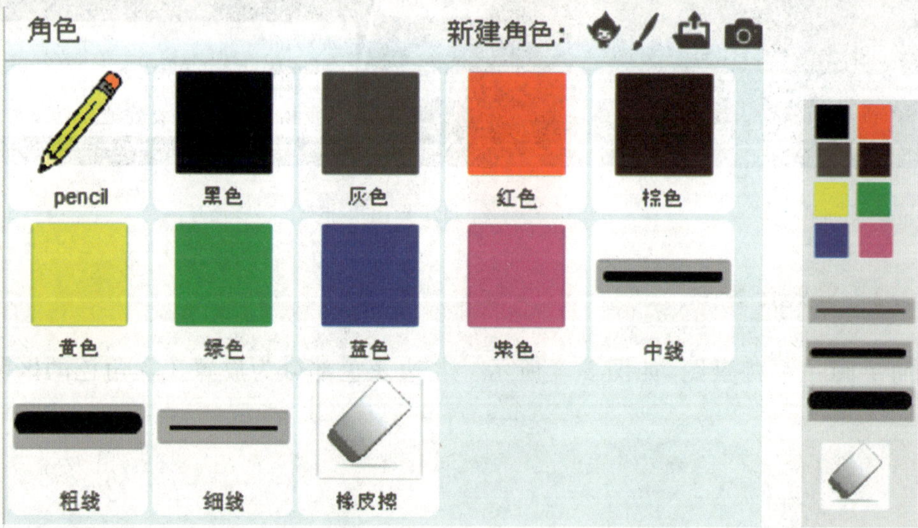

图 5.4　设置角色

5.4 编写脚本

5.4.1 背景脚本

背景脚本只有 2 个模块，即“当‘绿旗’被点击”事件和“画笔”类中的“清空”模块，如图 5.5 所示。

5.4.2 铅笔设置

“铅笔”角色需要跟随被按下左键的鼠标的指针移动而进行画线，所以需要设置一下铅笔的中心点，且一定要将中心点设置在离铅笔头最近的空白处，如图5.6 所示。

想一想：这是为什么？

然后，将铅笔的第二个造型删除，换为橡皮擦造型，中心点设置同上，如图5.7 所示。

图 5.5 背景脚本

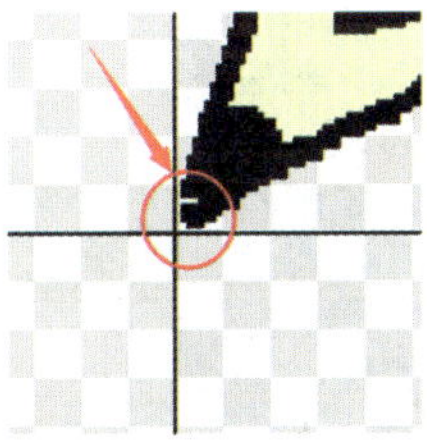

图 5.6 设置中心点

图 5.7 换造型

5.4.3 铅笔脚本 1

设置画笔的初始值，如图 5.8 所示；设置鼠标跟随，如图 5.9 所示；按下鼠标左键即开始画线，松开即停止画线，如图 5.10 所示。

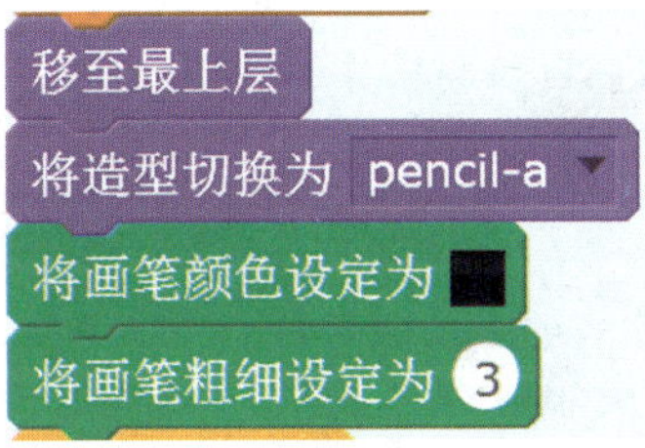

图 5.8 初始画笔

图 5.9 跟随鼠标

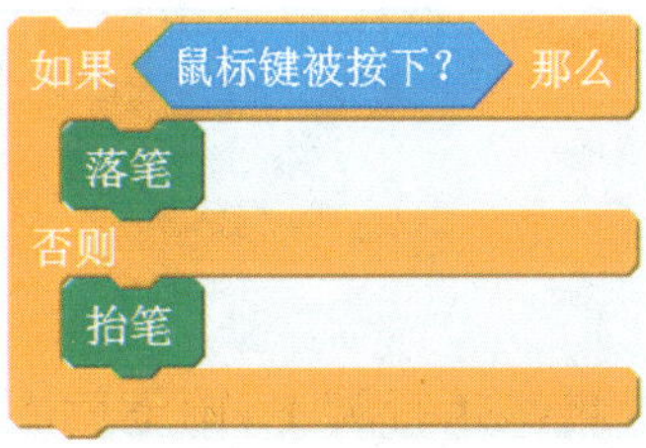

图 5.10 画线

可是运行后画笔跟着鼠标跑到工具区域了，这就需要给画笔限定一个范围，将指针移到舞台上灰色块与白底交接的地方，观察舞台右下方的 x 坐标值是否为“−160”，并用“判断”模块限制铅笔范围，如图 5.11 所示。

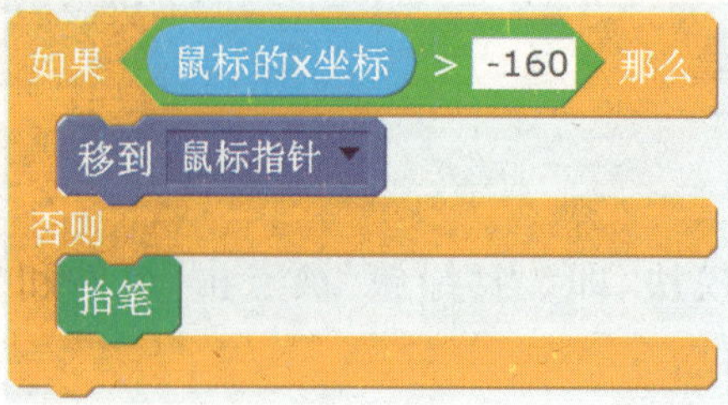

图 5.11　限定范围

“铅笔”角色的“当‘绿旗’被点击”事件的最终脚本如图 5.12 所示。

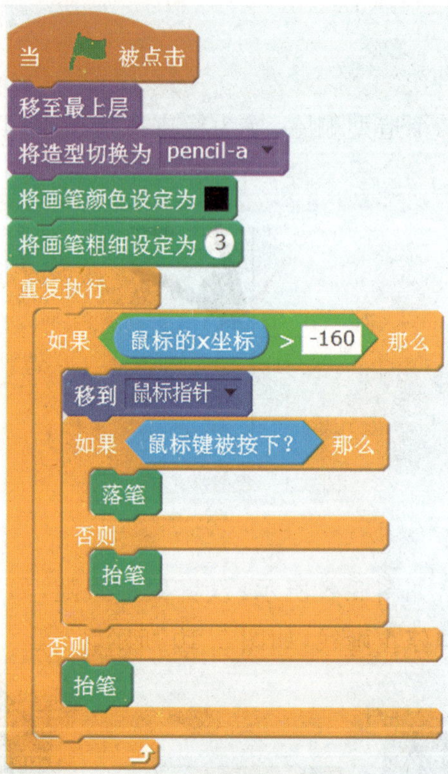

图 5.12　画笔脚本 1

再次运行脚本，画笔就不会再跑到画板外的工具区域了。

5.4.4　铅笔脚本 2

“铅笔”的第二部分脚本就是接收消息了。使用“当接收到消息”事件，当接收到各颜色角色的广播时，设置画笔颜色，如图 5.13 所示；当接收到线条角色的广播时，设置画笔粗细，如图 5.14 所示；当接收到“橡皮擦”角色的广播时，切换到第二个造型，设置画笔粗细为 20，设置画笔颜色为画板颜色，如图 5.15 所示。

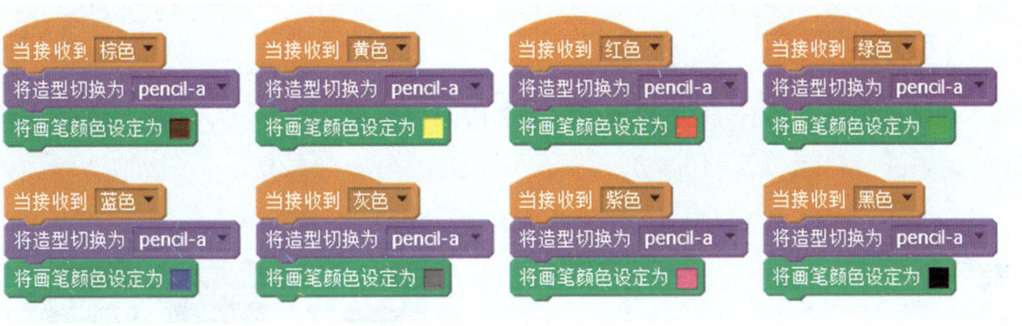

图 5.13 接收各颜色角色的广播

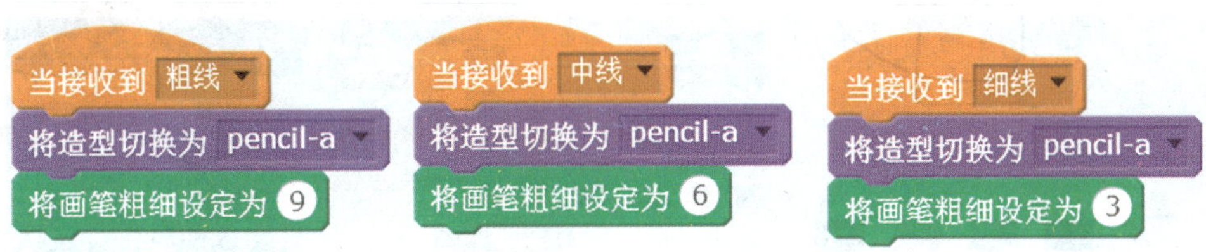

图 5.14 接收线条角色的广播

图 5.15 接收“橡皮擦”角色的广播

5.4.5 其他角色脚本

以“黑色”角色为例，脚本如图 5.16 所示。当角色被单击时，发送颜色广播；当“绿旗”被单击时，设置初始位置。

图 5.16 颜色角色脚本

其他颜色角色脚本与此相似，只需替换图 5.16 中的广播颜色和位置即可。线条和“橡皮擦”角色脚本也与此类似，只需将广播颜色替换为图 5.14 和图 5.15 中相应的细线、中线、粗线和橡皮擦即可。

5.5 项目完成

本项目到此就设计完成了，如图 5.17 所示。测试一下效果，并画一幅自己喜欢的画吧。

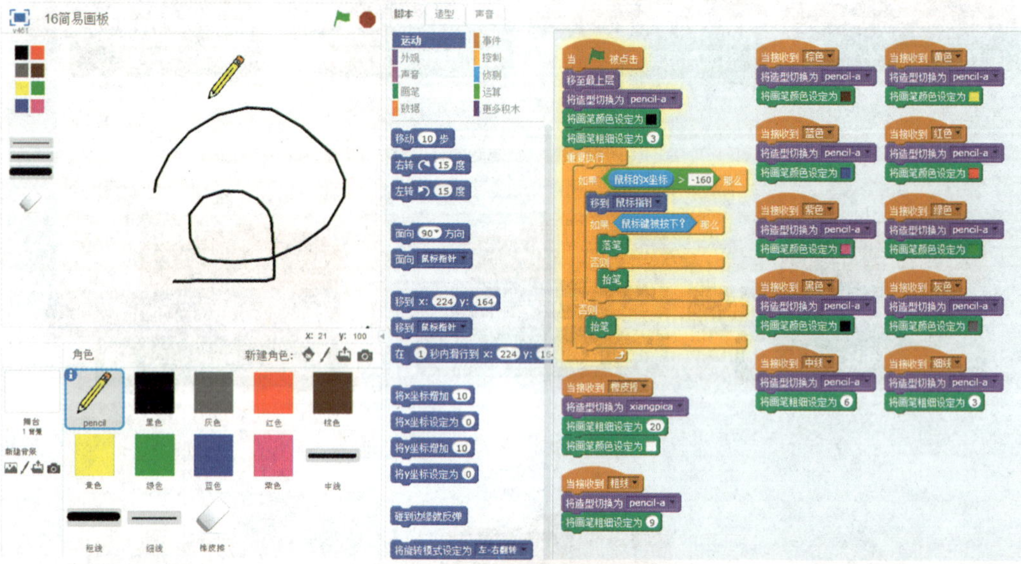

图 5.17 “简易画板”

第6课 简易时钟

本课学习要点

1. 获取系统时间。
2. 计算时、分、秒针的角度。
3. 计算时、分、秒针的旋转角度。
4. 设计项目:时钟。

制作一个调用系统时间的指针式时钟。

6.1 项目分析

本项目的重点是角度的计算,采用取巧的方式,首先调用系统时间,计算出指针的初始方向,然后利用"循环"模块一直调用系统秒数来模拟秒针的旋转,最后每隔1秒发送一个广播,指示时针、分针和秒针的转动角度。

秒针转动一周(360°)为1分钟(分针走1格),那么秒针走1格(1秒)分针就需要转动(360÷60÷60)°,也就是0.1°。

分针转动一周(360°)为1小时(时针走5小格),那么秒针走1格(1秒)时针需要转动的角度就是(0.1÷60×5)°,我们用1/120表示。

然后我们开始计算3个表针的初始位置:

秒针比较好计算,每秒转动(360÷60)°,再乘以读取的系统秒数就可以了。

分针的计算跟秒针相同,为了更精确一些,可以再加上(当前秒数×0.1)°。

时针每小时转5小格,也就是(360÷60×5)°,再加上(当前分钟数×0.5)°。

6.2 导入背景和角色

分析完项目之后,导入钟表盘图片作为背景,再导入3个指针角色。

导入指针角色后,要注意设置中心点位置,因为指针是围绕中心点旋转的。

如果钟表盘导入后不好控制位置,也可以将其作为一个角色导入,只需跟表针一样,设置好中心点位置即可。

提示:导入所有角色后,要设置好层的上下关系,不要出现遮挡的现象。由于Scratch中没有最底层模块,我们可以倒序使用"移至最上层"模块设置。

导入后的效果如图 6.1 所示。

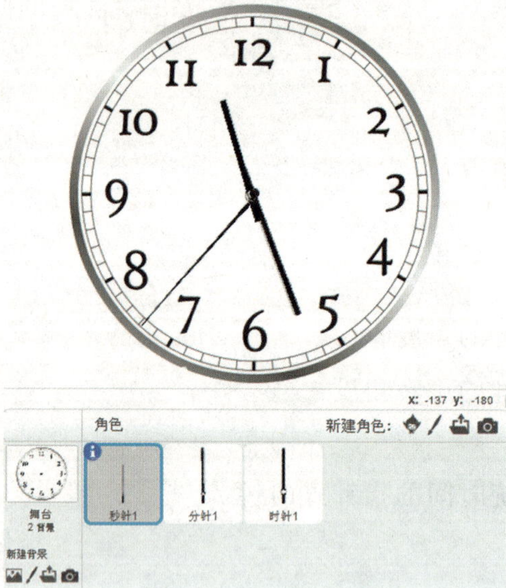

图 6.1　导入角色后的效果

6.3　编写脚本

6.3.1　秒针脚本

根据分析可知秒针每秒转动 6°，所以用（目前时间的 秒 * 6）表示当前秒针的方向，然后用“重复执行”模块让脚本一直读取系统时间，接着再每隔 1 秒发出一条广播，如图 6.2 所示。

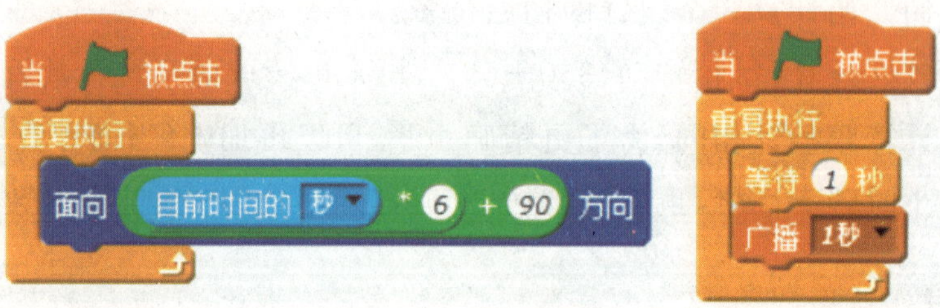

图 6.2　秒针脚本

想一想：为什么要加 90°？

6.3.2　分针脚本

根据分析，编写分针脚本，如图 6.3 所示。

图 6.3 分针脚本

6.3.3 时针脚本

根据分析，编写时针脚本，如图 6.4 所示。

图 6.4 时针脚本

6.4 完成脚本

最终效果如图 6.5 所示。

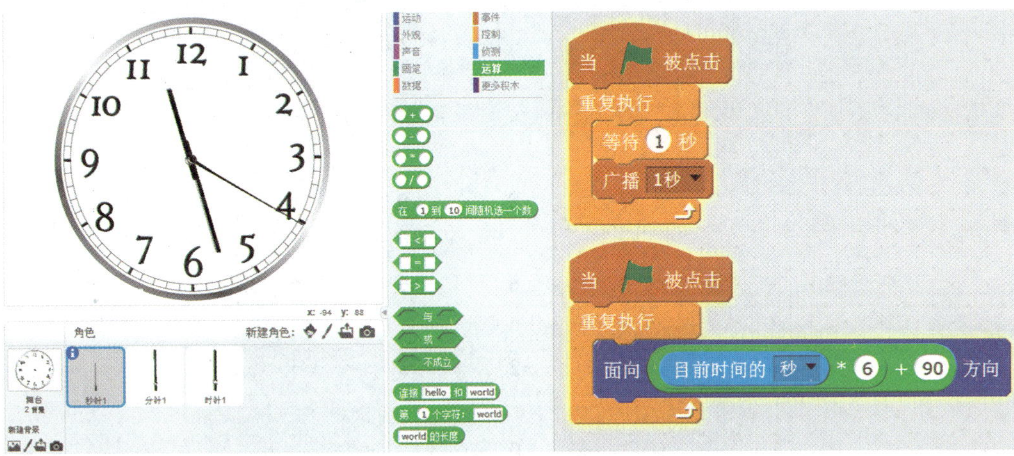

图 6.5 “时钟”

第 7 课　简易计算器

本课学习要点

1. 了解变量的灵活应用。
2. 掌握运算符号的判断方法。
3. 设计项目:简易计算器。

图 7.1 为 Windows 10 系统中应用软件“计算器”的界面。

本节课将用 Scratch 2.0 模拟 Windows 10 系统中的“计算器”制作一款“简易计算器”,使之实现简单的四则运算功能。

图 7.1　Windows 10 系统中应用软件“计算器”的界面

7.1　项目分析

按计算器的按键时,只要没有按运算符号,那么数字就会连续出现在显示屏上,在 Scratch 中可以使用“运算”类中的 连接 hello 和 world 模块来模拟实现。

单击运算符号时,需要用一个变量来存储这个符号,最后单击“=”才会显示最终的计算结果，而且在下次计算时，需要先清除上次的计算结果，所以这里需要一个标志位变量，否则就需要手动单击清除键了。

当显示屏为空时，小数点不能为首位。

7.2 导入角色

本项目共需使用 20 个角色，包括 0～9 的 10 个数字、加减乘除 4 个运算符号、小数点、等于号、C 键、CE 键、退格键、正负键，如图 7.2 所示。

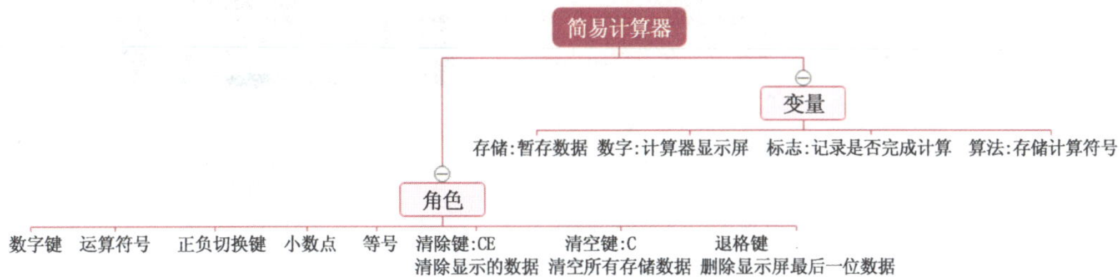

图 7.2 角色变量设置导图

将准备好的图片导入为角色，并缩放到合适的大小进行排列，如图 7.3 所示。

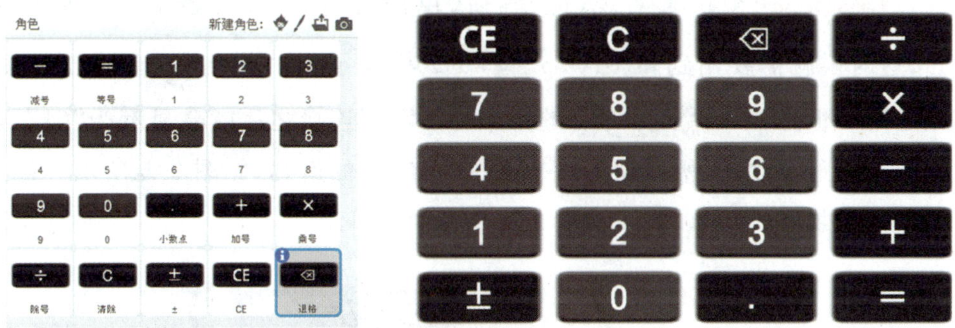

图 7.3 导入角色及舞台排列

排列完成之后，为了防止拖动之后难复原，可以在每个角色里加入一个初始化模块 移到 x: -60 y: -40 。当不小心移动了角色位置时，只需单击“绿旗”它们就会全部排列整齐。

7.3 设置变量

先设置 4 个变量：“数字”变量存储当前正在输入的数字，“存储”变量寄存待运算数字，“算法”变量存储一个指示运算符号的数字，“标志”存储计算完成标志。

将“标志”变量赋值为“0”，其他 3 个赋值为空，然后将除了“数字”变量之外的变量隐藏，并将在舞台上显示的“数字”变量更改为“大屏幕显示”，如图 7.4 所示。本项目的“赋值”模块放在“清除”角色上。

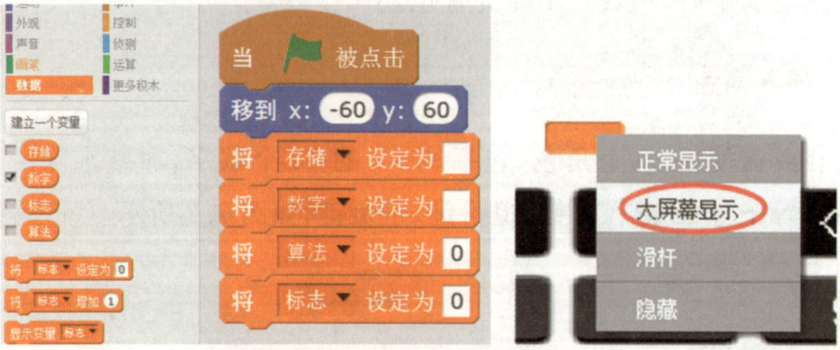

图 7.4　设置变量并赋值

7.4　编写脚本

7.4.1　数字角色脚本

以数字“1”为例，当第一次单击角色时，在“数字”这个变量中会显示“1”，这可以通过 将 数字 设定为 1 模块来实现，但是再次单击时，按照计算器的功能应该显示“11”，这时候就需要用到 连接 hello 和 world 模块了，将“数字”原有的数据跟“1”连接起来。但是如果“数字”原有的数据为“0”，则连接之后就会显示为“01”，这不符合数字的显示规律，所以需要给它做一个加“0”的运算，如图 7.5 所示。最后还可以给角色加一个特效，脚本如图 7.6 所示。

图 7.5　加“0”运算

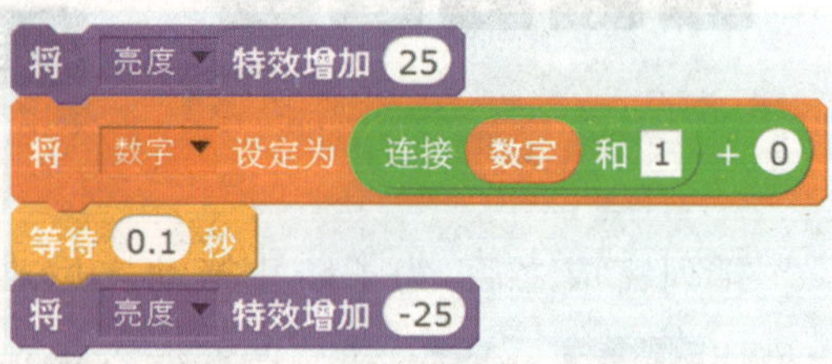

图 7.6　加入亮度特效

将这个脚本复制到其他的数字角色中，修改一下“连接”模块的数值，然后测试一下。

如果“标志位＝1”，即上一次运算已经完成，则直接赋值给“数字”就行了。

分析了这么多是不是觉得有些烦琐？没关系，现在来看看“计算器”项目的思维导图，顺一下思路，如图 7.7 所示。

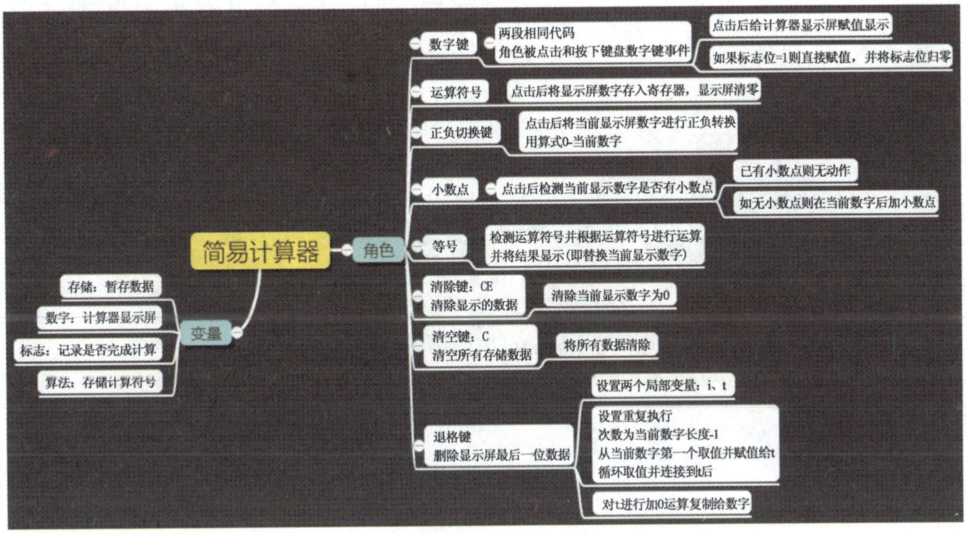

图 7.7　思维导图

数字“1”的最终脚本如图 7.8 所示，将脚本复制到其他数字键上，然后修改相应数值即可。

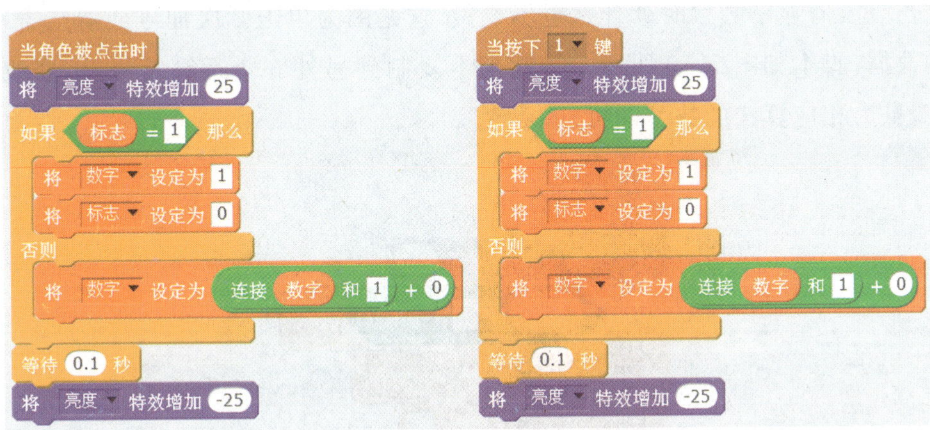

图 7.8　数字“1”的最终脚本

7.4.2　小数点脚本

小数点的脚本分为 3 种情况：一是数字为空，防止小数点出现在第一位，单击后无动作；二是数字不为空且不包含小数点，单击后在数字后面出现小数点；三是数字不为空且已经有一个小数点，防止出现两个小数点导致计算错误，单击后无动作。

通过分析得出：只有当“数字不为空”与“数字不包含小数点”2 个条件都成立时，才在后面加小数点。怎样检测数字是否包含小数点呢？可以使用一个取巧的方式，把数字取整或四舍五入后跟原数字比较，如果相等则没有小数点，不相等则表示有小数点，最终脚本如图 7.9 所示。

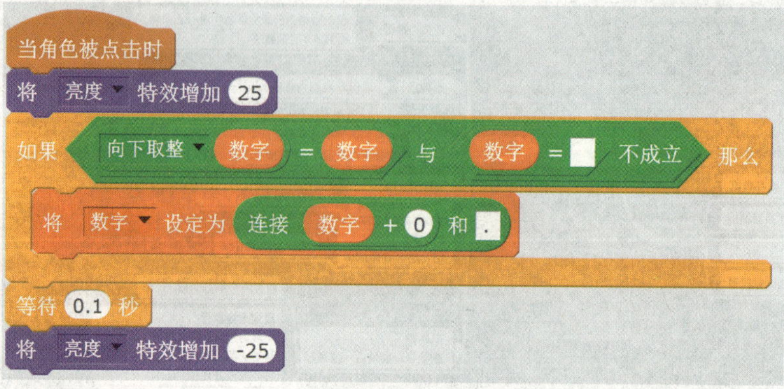

图 7.9　小数点脚本

7.4.3　运算符号脚本

以加号为例，当单击加号键时，需要将当前显示的数字存入寄存器，并清除当前的显示数字，将“算法”变量设置为“1”(减法为“2”，乘法为“3”，除法为“4”)，但是在当前没有显示数字时就什么也不要做，这是因为单击 2 次加号会清空寄存器中的数据，脚本如图 7.10 所示。将此脚本复制到另外 3 个运算符号上，修改“算法”变量为相应算法的数字即可。

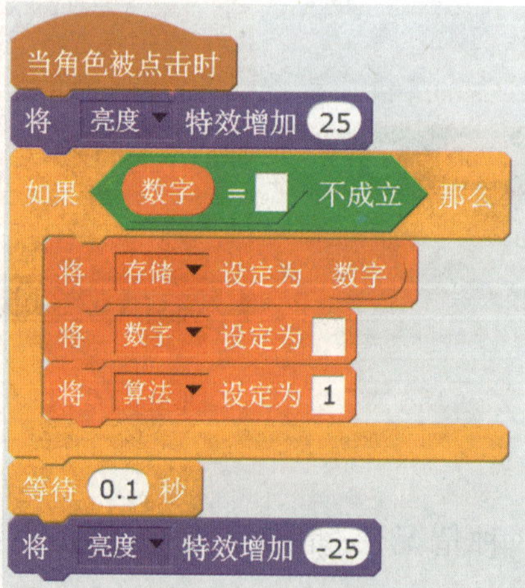

图 7.10　加号脚本

7.4.4　功能键 CE、C、±脚本

单击 CE 键为清空当前的显示数字，脚本如图 7.11 所示；单击 C 键为清除所有数据，相当于初始化，脚本如图 7.12 所示；单击±键为改变当前显示数字的正

负，脚本如图 7.13 所示。

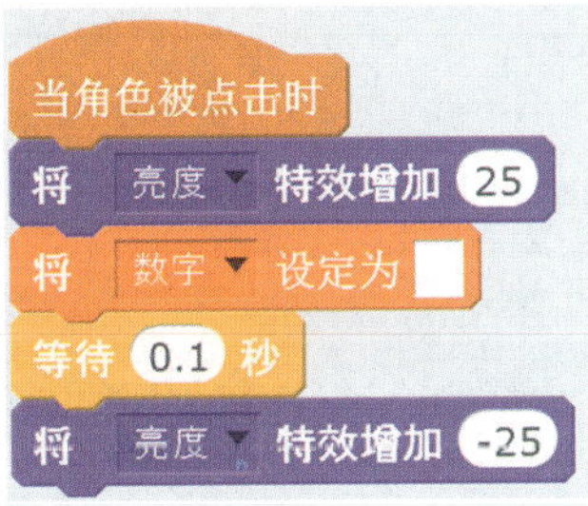

图 7.11　CE 键脚本

图 7.12　C 键脚本

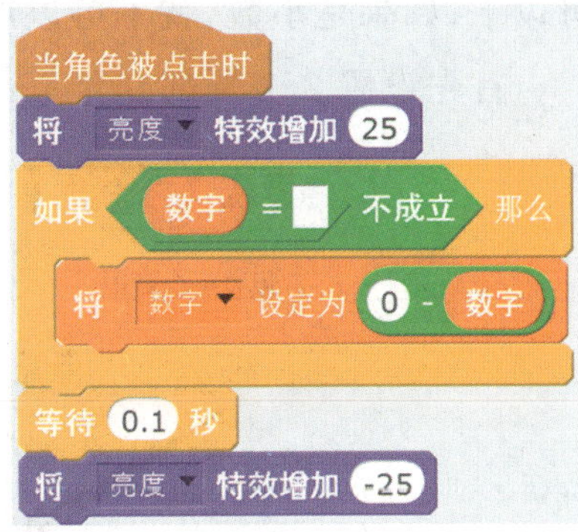

图 7.13　±键脚本

7.4.5　等号键、退格键脚本

等号键的脚本比较简单，首先根据“算法”变量的值进行四则运算，然后将标志位设置为“1”，如图 7.14 所示。

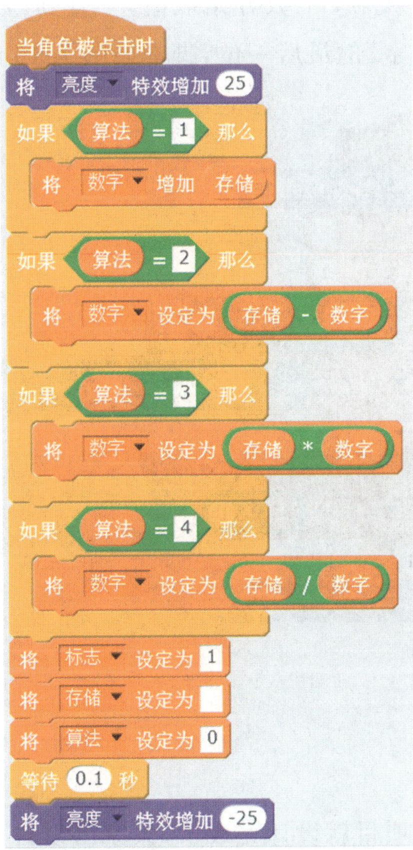

图 7.14　“等号”键脚本

退格键的功能就是将数字的最后一位删除，如果是整数，只要除以 10 取整就可以了；如果是小数，就不可以用这种方法。

首先设置 2 个局部变量 i、t，将 i 设置为 1，将 t 设置为空，如图 7.15 所示。

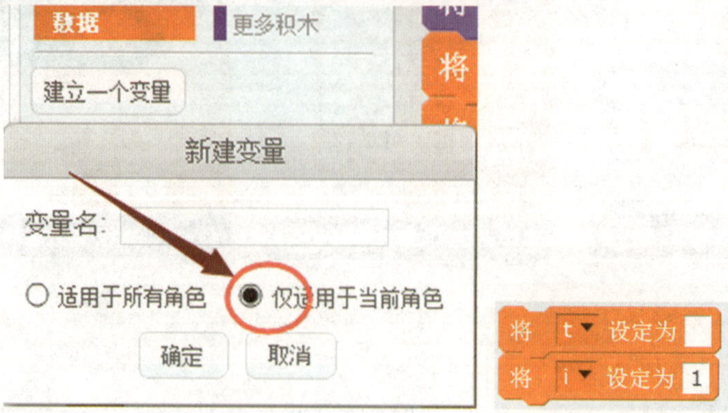

图 7.15　建立变量并赋值

然后开始循环取数，从第 i 个数开始取值，一直到“数字”长度为 −1 时结束，这样就相当于删除了“数字”的最后一位，脚本如图 7.16 所示。

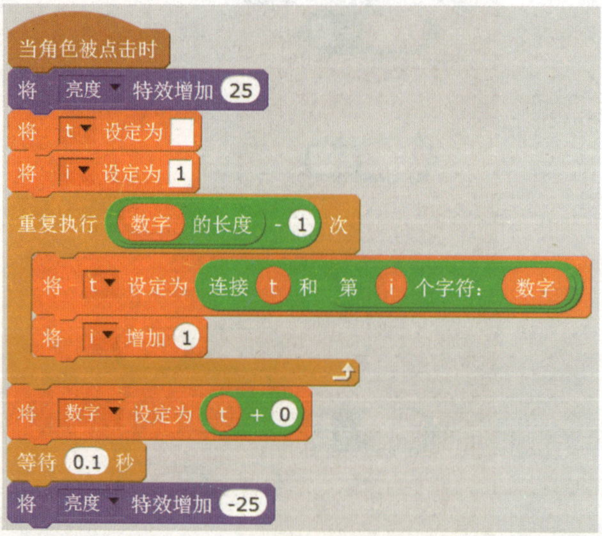

图 7.16　退格键脚本

7.5　项目最终脚本

至此，“简易计算器”项目就设计完成了，大家可以自行增加功能，如加入连续计算（见图 7.17），加入仿真计算器的显示屏模式。

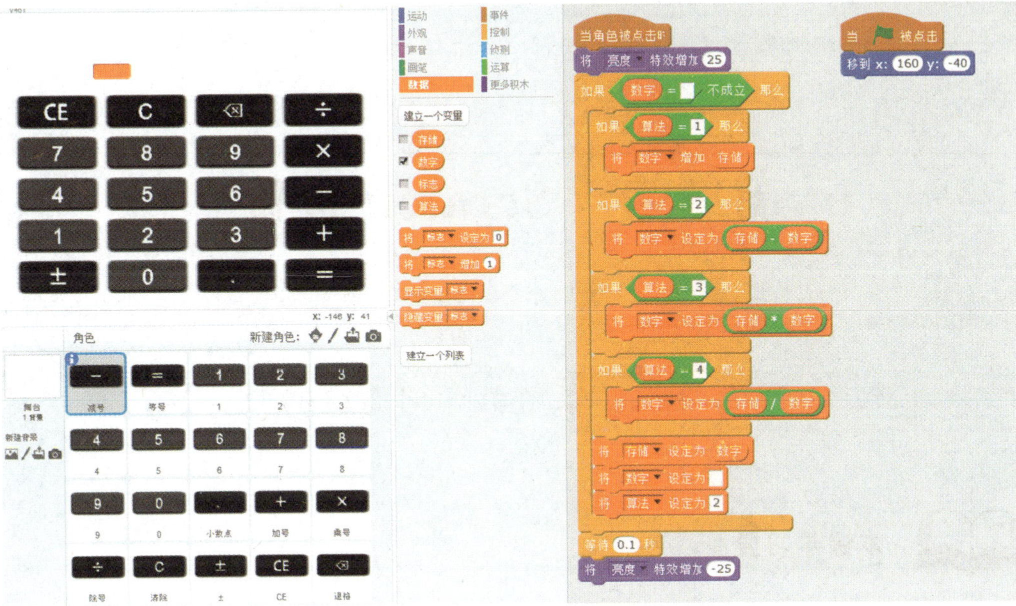

图 7.17 可连续计算的“简易计算器”

第 3 章　Scratch 进阶

第 8 课　求解数学问题(一)

本课学习要点

1. 掌握变量赋值的灵活运用。
2. 掌握程序结构的综合使用。
3. 了解运算的逻辑思维。
4. 使用递归结构解决数学问题。

前面做过"韩信点兵"等比较简单的数学问题,本节课继续用 Scratch 求解几个稍微复杂的数学问题。

8.1　问题一:爱因斯坦阶梯

阿尔伯特·爱因斯坦(1879～1955 年),犹太裔物理学家,诺贝尔物理学奖获得者,创立了代表现代科学的相对论,为核能的开发奠定了理论基础,开创了现代科学技术的新纪元,被公认为是继伽利略、牛顿以来最伟大的物理学家(见图 8.1)。

图 8.1　爱因斯坦

问题：有一次，爱因斯坦给他的朋友出了这样一道有趣的数学题：有一条长长的阶梯，如果每步跨 2 阶，最后剩 1 阶；每步跨 3 阶，最后剩 2 阶；每步跨 5 阶，最后剩 4 阶；每步跨 6 阶，最后剩 5 阶。只有每步跨 7 阶时，才正好到头，1 阶也不剩。请问这条阶梯至少有多少阶？

8.1.1 问题分析

该问题与“韩信点兵”类似。若用一个变量 n 来表示阶梯数，那么阶梯数 n 要同时满足图 8.2 所示的 5 个条件。

条件	表达式
每步跨2阶，最后剩1阶	n 除以 2 的余数 = 1
每步跨3阶，最后剩2阶	n 除以 3 的余数 = 2
每步跨5阶，最后剩4阶	n 除以 5 的余数 = 4
每步跨6阶，最后剩5阶	n 除以 6 的余数 = 5
每步跨7阶，最后1阶不剩	n 除以 7 的余数 = 0

图 8.2 需要满足的条件

8.1.2 编写脚本

采用枚举法来求解该问题。使用“重复执行直到‘条件完成’”指令构建一个循环结构，在循环体内让变量 n 的值不断增加，并判断 n 的值是否满足上述 5 个条件。

由于阶梯数是 7 的整数倍，可以调整为，在循环体内让变量 n 每次增加 7，这样就不需要判断第 5 个条件了。如果变量 n 的值同时满足前 4 个条件，那么就可以求得这个问题的解了。程序比较简单，脚本清单及运行效果如图 8.3 所示。

单击“绿旗”运行程序，得到结果：这条阶梯最少有 119 阶。

图 8.3 脚本及运行效果

上面的程序虽然可以求得这个问题的解，但是仍然存在改进的空间。

再仔细看爱因斯坦阶梯问题，会发现阶梯数依次除以 2、3、5、6 的余数分别是 1、2、4、5，能同时满足这 4 个条件的最小阶梯数是 29，而 2、3、5、6 的最小公倍数是 30，也就是说，阶梯数是 2、3、5、6 的最小公倍数减去 1，这样才会出现余数是 1、2、4、5 的现象。

根据这个发现，修改上述程序，让变量 n 从 29 开始，每次递增 30，这样一来需要判断的条件就只剩下 1 个，就是判断变量 n 是不是 7 的整数倍，如图 8.4 所示。

图 8.4　修改后的脚本及运行效果

8.1.3　一点思考

在这个问题中，口算就能得出 2、3、5、6 的最小公倍数是 30，用笔算也能很快得出最小公倍数。但是当遇到一些大数或者很多个数时，用口算或笔算就不能算出最小公倍数了，这个时候可以编写程序，借助计算机来帮助我们求得最小公倍数。

通过解决爱因斯坦阶梯问题，我们发现数学思维在编程中有着重要的作用，它能使程序更加简洁、更有效率。

8.2　问题二：冰雹猜想

1976 年的一天，《华盛顿邮报》的头版头条报道了一条数学新闻。文中记叙了这样一个故事：

20 世纪 70 年代中期，在美国各名牌大学内，人们都像发疯一般，夜以继日、废寝忘食地玩着一个数学游戏。这个游戏十分简单。任意写出一个自然数 n，并且按照以下的规律进行变换：如果写下的自然数是个奇数，下一步则变成 $3n+1$；如果写下的自然数是个偶数，下一步则变成 $n/2$。

不单单学生，甚至连教师、研究员、教授与学者都纷纷加入其中。为什么这个游戏如此迷人？因为人们发现，无论 n 是一个怎样的数字，最终都无法逃脱回到谷底 1 的规律。准确地说，是无法逃出落入底部的“4—2—1”循环，永远也逃不出这样的宿命。

这就是著名的“冰雹猜想”。在西方，它常被称为“西拉古斯猜想”，据说是因为这个问题首先在美国的西拉古斯大学被研究；而在东方，这个问题是以将它带到日本的日本数学家角谷静夫的名字命名的，被称作“角谷猜想”。在今天的数学文献中，大家就简单地把它称作“3X+1 问题”。

尽管已经有无数数学家和数学爱好者尝试对这一猜想进行数学论证，其中也不乏天才和世界一流的数学家，但他们都没有成功。这个猜想至今无人能证明，也无人能推翻，但是我们可以对它进行验证。

8.2.1 问题分析

冰雹猜想：对于任意一个正整数 n，如果它是奇数，则将它乘以 3 再加上 1；如果它是偶数，则将它除以 2。如此循环，最终都能够得到 1。

根据冰雹猜想的规律画出的流程图如图 8.5 所示。

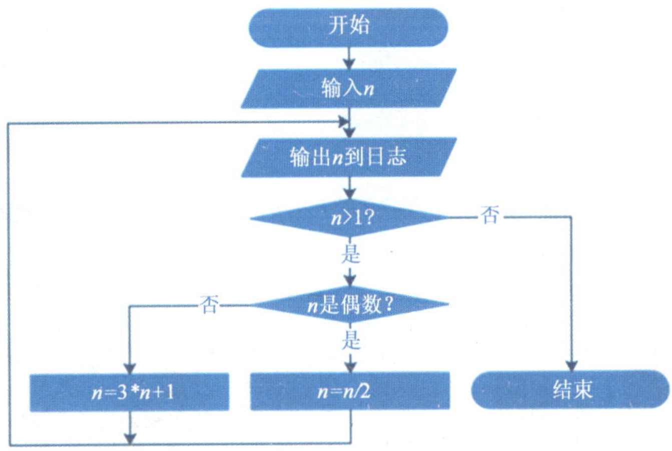

图 8.5 流程图

8.2.2 编写脚本

使用递归结构来编写程序。

创建一个名为“冰雹猜想”的模块，将参数设置为 n。新建列表“日志”，每次递归调用时，都把参数 n 记录到“日志”列表。当 $n=1$ 时，结束递归程序调用，只处理 $n>1$ 的递归调用。

对于 n 的处理，遵循“冰雹猜想”的简单规律进行。当 n 为偶数时，把“$n/2$”作为参数调用“冰雹猜想”模块；当 n 为奇数时，把“$3\times n+1$”作为参数调用“冰雹猜想”模块。

自定义“冰雹猜想”模块的完整脚本如图 8.6 所示。

在指令中，把每次调用“冰雹猜想”模块的参数 n 都记录到“日志”列表，这样就可以清楚地看到整个“冰雹”的变化过程。最后编写入口程序，用于接收输入的任意整数，并调用“冰雹猜想”模块进行验证。脚本如图 8.7 所示。

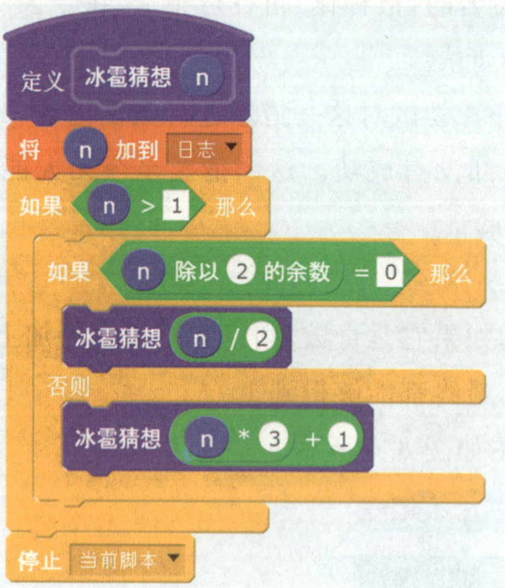

图 8.6　递归结构模块“冰雹猜想”

图 8.7　询问脚本

单击“绿旗”运行程序，输入整数“27”，然后在“日志”中查看整个“冰雹”的变化过程。运行结果如图 8.8 所示。

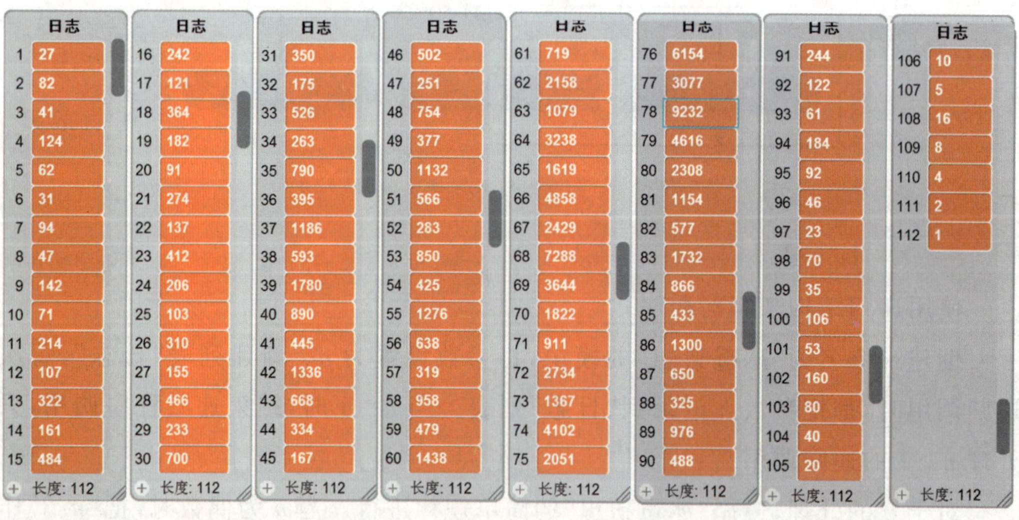

图 8.8　输入“27”的运行结果

8.2.3　试一试

“冰雹猜想”的最大魅力在于它的不可预知性。

英国剑桥大学教授约翰找到了一个自然数27。虽然27是一个貌不惊人的自然数，但是如果按照上述方法进行运算，则它的上浮下沉异常剧烈：首先，27要经过77个步骤的变换到达顶峰值9232，然后又要经过34个步骤到达谷底值1。整个变换过程(称作“雹程”)需要111步，其顶峰值9232约为原有数字27的342倍，如果以瀑布般的直线下落(2的n次方)来比较，则具有同样雹程的数字n要达到2^{111}。这对比何其惊人！

请试一试，能否找出像27这样变化剧烈的整数？

第 9 课　求解数学问题(二)

本课学习要点

1. 合理设计脚本。
2. 掌握 3 种程序结构的综合应用。
3. 解决问题:同构数和水仙花数。
4. 解决问题:鸡兔同笼。
5. 解决问题:水手分椰子。

9.1　问题一:同构数和水仙花数

9.1.1　同构数

同构数是指此数的平方数的最后几位与该数相等。试查找出 1～999 之间的同构数。

首先计算出这个数的平方数,由于只计算 1～999 之间的数,所以这个数的位数只能为 1～3 位,可以用求余的方法进行比较。流程图如图 9.1 所示。

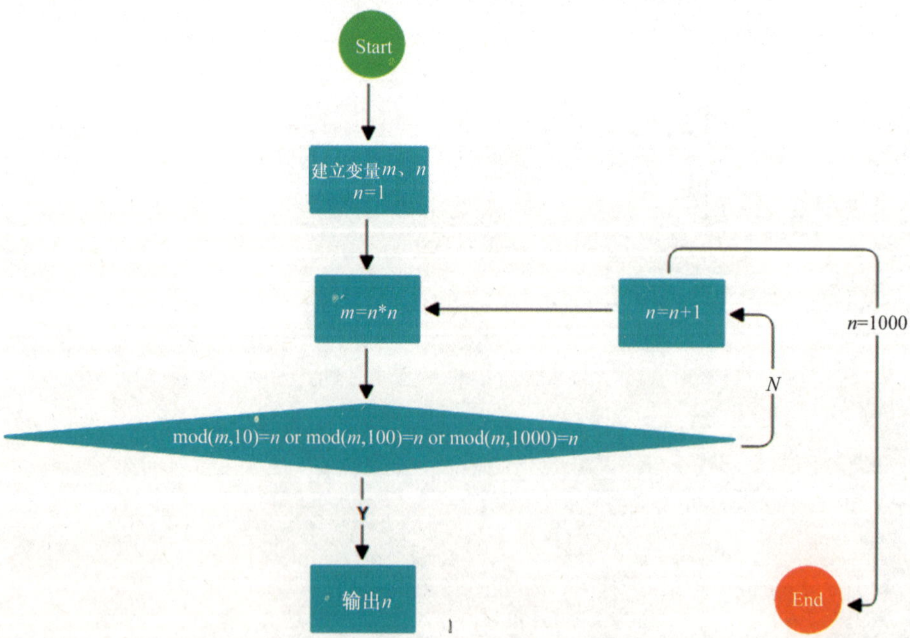

图 9.1　流程图

脚本如图 9.2 所示，运行结果如图 9.3 所示。

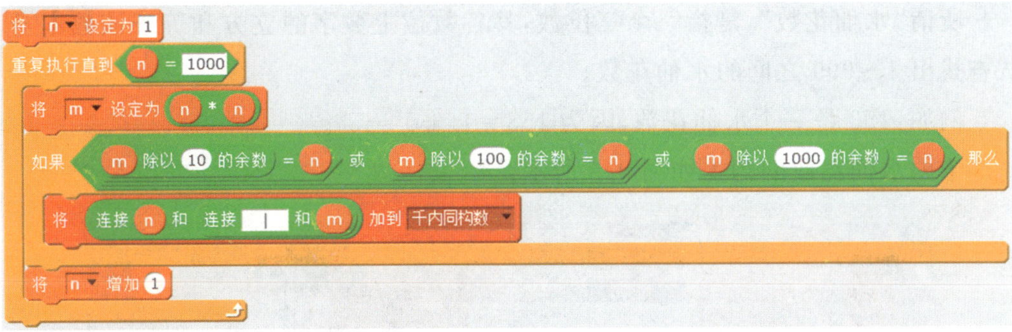

图 9.2　千内同构数脚本

图 9.3　千内同构数运行结果

判断输入的数是否与同构数脚本相似，如图 9.4 所示。

图 9.4　千内同构数

9.1.2 水仙花数

所谓“水仙花数”，是指一个三位数，其各数位上数字的立方和等于该数本身。试查找出 1～999 之间的水仙花数。

例如：153 是一个水仙花数，因为 $153=1^3+5^3+3^3$。

千内水仙花数的脚本如图 9.5 所示。

图 9.5 千内水仙花数脚本及结果

判断输入的数是否与水仙花数脚本相似，如图 9.6 所示。

图 9.6 千内水仙花数

9.2 问题二:鸡兔同笼

鸡兔同笼是我国古代数学名题之一。大约1500年前的《孙子算经》中就记载了这个有趣的问题。书中是这样叙述的:今有雉兔同笼,上有三十五头,下有九十四足,问雉兔各几何?

这四句话的意思是:有若干只鸡兔同在一个笼子里,从上面数,有35个头,从下面数,有94只脚,问笼中各有多少只鸡和兔?

这个问题有个最简单的算法:

(总脚数－总头数×鸡的脚数)÷(兔的脚数－鸡的脚数)＝兔子数

(94－35×2)÷2＝12(兔子数)

总头数(35)－兔子数(12)＝鸡数(23)

解释:让兔子和鸡同时抬起2只脚,这样笼子里的脚就减少了总头数×2只,由于鸡只有2只脚,所以笼子里只剩下兔子的2只脚,再除以2就是兔子数。

用Scratch脚本来表示兔子的数量就是 将 兔 设定为 ((脚 - 2 * 头) / 2),鸡的数量就是 将 鸡 设定为 (头 - 兔)。脚本及运行效果如图9.7所示。

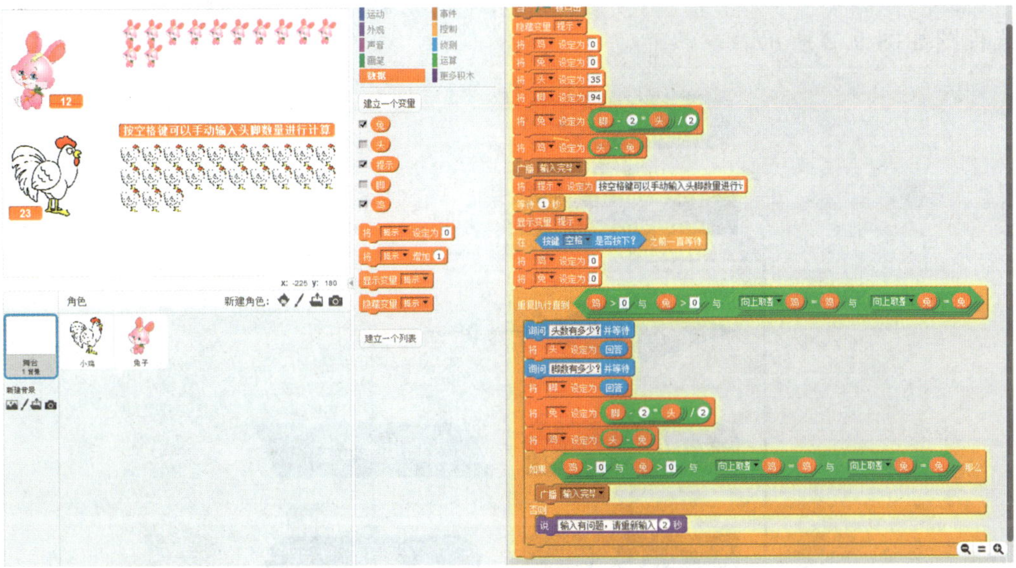

图9.7 “鸡兔同笼”脚本

9.3 问题三:水手分椰子

在一次航海中,有3名水手和1只猴子因船舶失事而被困在荒岛上,他们发现岛上仅有的食物是椰子。水手们齐心协力，劳累了一天，收集了许多椰子。天黑了，他们决定先去睡觉，等第二天起来后再分配椰子。

当天夜里，一名水手醒来，决定先拿走属于他的那份椰子。他把椰子分为相等的 3 份，但发现多出了 1 个，于是便把这个椰子给了猴子。藏好自己那份椰子后他就去睡觉了。不久，第二名水手也醒来，他做了与第一名水手同样的事，也把多出的 1 个椰子给了猴子。而当第三名水手醒来后，他也跟前面的水手一样分了椰子，也把多出的 1 个椰子给了猴子。

第二天早晨，当 3 名水手起来后，他们决定把椰子平分为 3 份，每人 1 份，并把多出的 1 个椰子给猴子。

请问：水手们最少收集到了多少个椰子？

9.3.1 解题思路

根据故事中的描述，每一名水手分椰子的过程都是：平分为 3 份后恰好多 1 个，便把这 1 个椰子给猴子，自己藏起 1 份，留下 2 份。水手们在头天夜里和第二天早晨共分了 4 次椰子。

采用枚举法，让椰子数从 4 开始递增，并判断椰子数能否 4 次分完。如果刚好能分完，则求得问题的解；否则继续增加椰子数，再分椰子，直到刚好分完为止。流程图如图 9.8 所示。

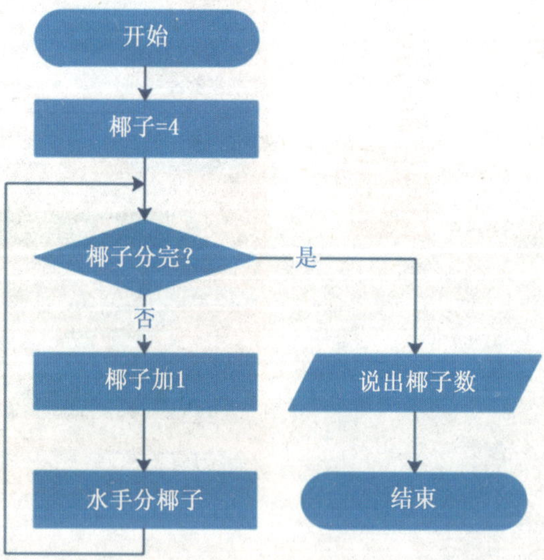

图 9.8　水手分椰子流程图

9.3.2 编写脚本

首先，创建一个名为“x”的变量，并赋初值为 4；然后再用“重复执行直到……”指令构建一个循环结构，在循环体中逐一增加变量“x”的值。这就是一个枚举算法的基本结构，如图 9.9 所示。

对于每一个“x”的值，调用自定义“水手分椰子”模块进行检测。如果椰子分完，则结束循环，输出问题的解；否则就继续检测下一个“x”的值。脚本如图 9.10 所示。

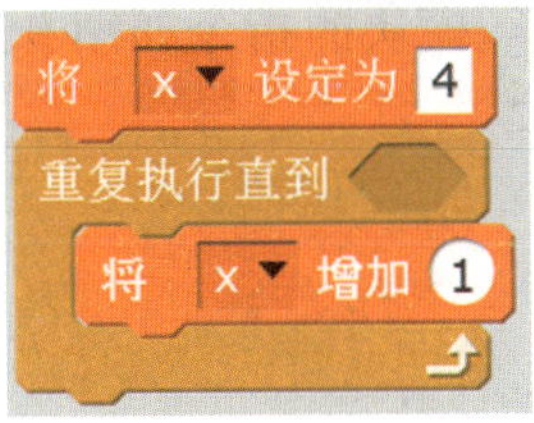

图 9.9　枚举算法的基本结构

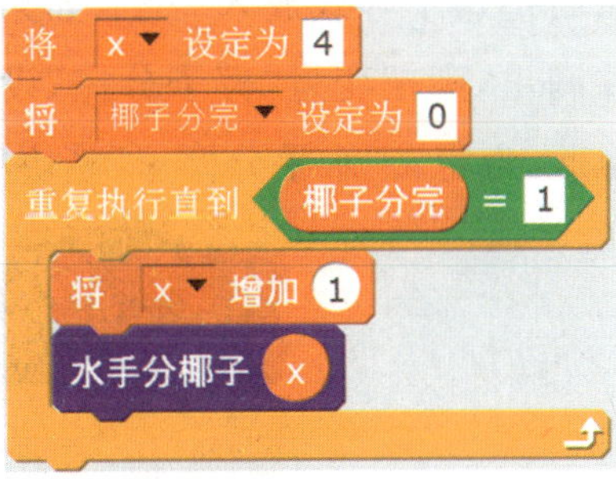

图 9.10　循环分椰子的脚本

接下来，建立自定义“水手分椰子”模块来检测椰子是否能分完，如图 9.11 所示。

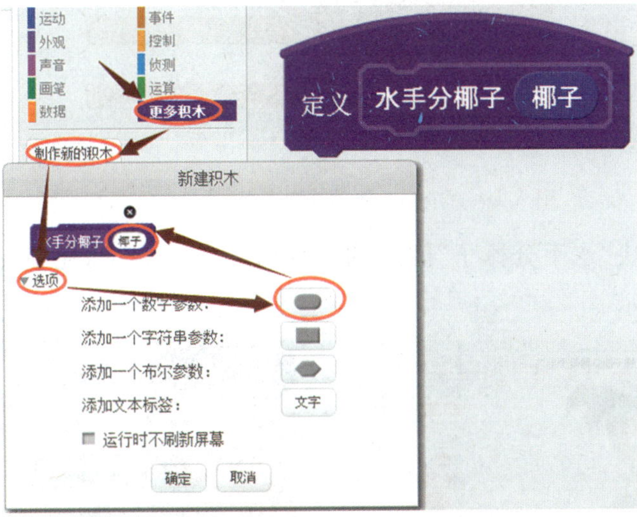

图 9.11　建立自定义“水手分椰子”模块

创建一个名为“椰子”的变量，并将参数“椰子”赋给变量“椰子”。注意：参数“椰子”和变量“椰子”的指令块颜色不同 

。

根据故事中的描述，3 名水手夜里先后偷偷分了 3 次椰子，每一次都是平分为 3 份后恰好多 1 个，便把这 1 个椰子给猴子，自己藏起来 1 份，只留下 2 份。因此，这个过程可以用 

模块表示。

天亮后，水手们一起又分了 1 次椰子。平分为 3 份后恰好多 1 个，便把这 1 个椰子给猴子，一人 1 份，这可以用等式 

表示。

然后把这个等式放入一个“如果……那么……否则”的条件判断指令中。如果条件满足，则把变量“椰子分完”设定为“1”，否则设定为“0”。

至此，自定义“水手分椰子”模块的指令编写完毕，模块的指令如图 9.12 所示。

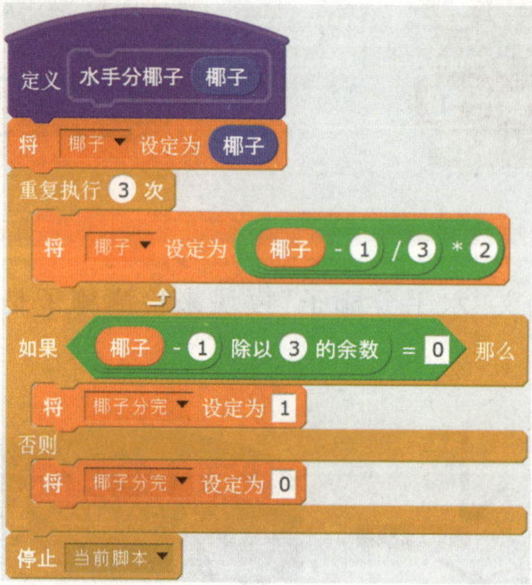

图 9.12　自定义“水手分椰子”模块的全部指令

到这里，解决“水手分椰子”问题的全部脚本编写完毕，完整的脚本及运行效果如图 9.13 所示。

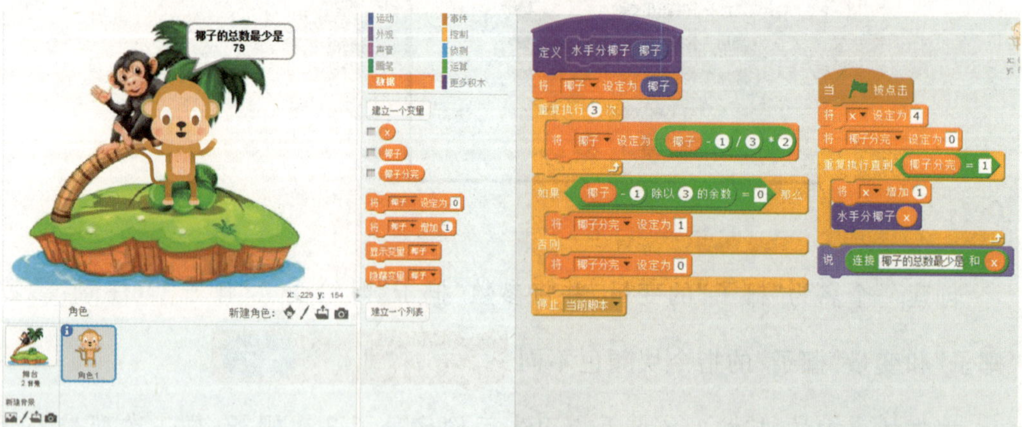

图 9.13　“水手分椰子”

9.3.3 试一试

“水手分椰子”问题据说是伟大的物理学家狄拉克提出的一道趣味数学题，曾登载在美国《星期六晚邮报》上。经美国数学科普大师马丁·伽德纳的介绍后更是广为流传。1979 年，诺贝尔物理学奖获得者李政道博士在中国科技大学少年班讲学时，对“水手分椰子”问题做了简单变形，提出了一个“五猴分桃”的问题：

5 只猴子采得一堆桃，它们约定次日早上起来分。半夜里，一只猴子偷偷起来，把桃均分成五堆后，发现还多 1 个，它吃了这个桃子，拿走了其中一堆。第二只猴子醒来，把桃子均分成五堆后还是多了 1 个，它也吃了这个桃子，拿走了其中一堆。第三只、第四只、第五只猴子都依次如此做了。请问桃子数最少有多少？

试一试，用 Scratch 编写程序求解这个问题。脚本如图 9.14 所示。

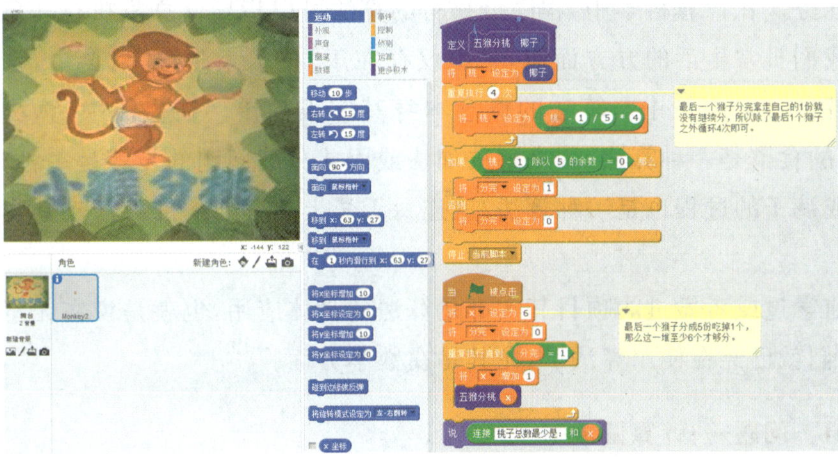

图 9.14 “五猴分桃”脚本

第 10 课　求解数学问题（三）

本课学习要点

1. 初步理解算法。
2. 积极培养算法思维。
3. 运用简单算法求解问题。

算法是一个详细的一步一步的指令集或公式，用于解决一个问题或完成一个特定的任务。在计算科学中，程序员编写的算法可以指导计算机执行任务。算法存在于我们日常生活的方方面面，它不仅存在于“技术大牛”的话题中，也存在于生活的各种日常决策中。算法的概念本身其实很简单。在生活中，算法无处不在：烹调的食谱是一种算法，用来解决加法或因式分解问题的步骤是一种算法，折叠衬衫或裤子的过程也是一种算法，就连每天早上上学前的准备活动其实也是一种算法。

以前学过或者做过的项目其实都是算法的具体应用，也就是说在无意识的情况下，我们就已经在使用算法了，尤其是在数学方面。

10.1　问题一：计算圆周率

圆周率计算公式：

$$圆周率=\frac{周长}{直径}$$

(1)询问多边形边数（也可设置一个滑杆变量），如图 10.1 所示。

图 10.1　询问或设置边数

(2)画半圆求直径，脚本如图 10.2 所示。

图 10.2　画半圆求得直径

(3)画另一半圆,计算圆周率,脚本如图 10.3 所示。

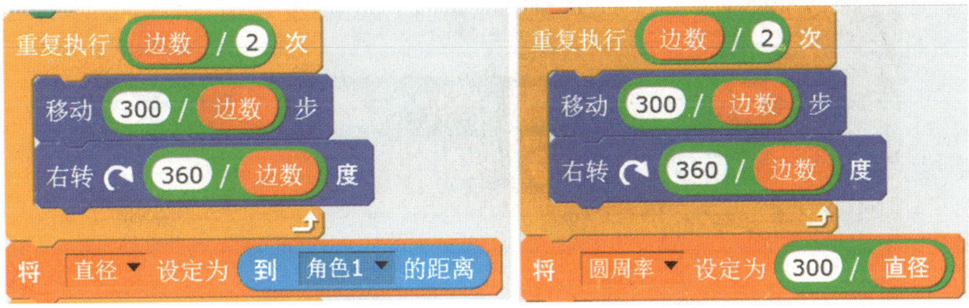

图 10.3　“计算圆周率”脚本

(4)最终脚本及运行效果如图 10.4 所示。

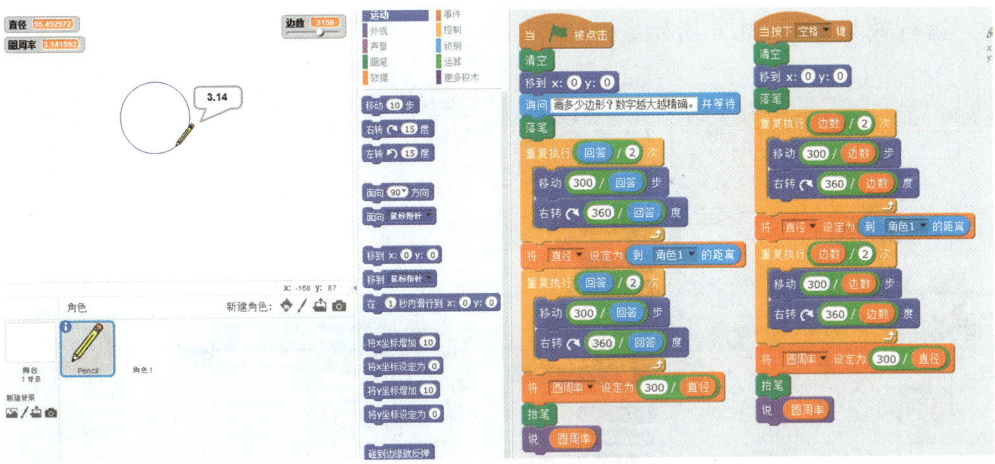

图 10.4　“计算圆周率”

当输入的数字为大于 360 的偶数时,计算的结果会越来越接近圆周率。

10.2　问题二:数字组合

题目:数字 1、2、3 能组成多少个互不相同且无重复数字的三位数? 各是多少?

分析：可填在百位、十位、个位的数字是1、2、3，组成所有的排列后再去掉不满足条件的排列。

采用枚举法依次填数，符合条件的写入"结果"列表。

由于生成的数中各数位上的数字不能重复，因而需要设置条件：百位≠十位、十位≠个位、百位≠个位。脚本如图10.5所示。

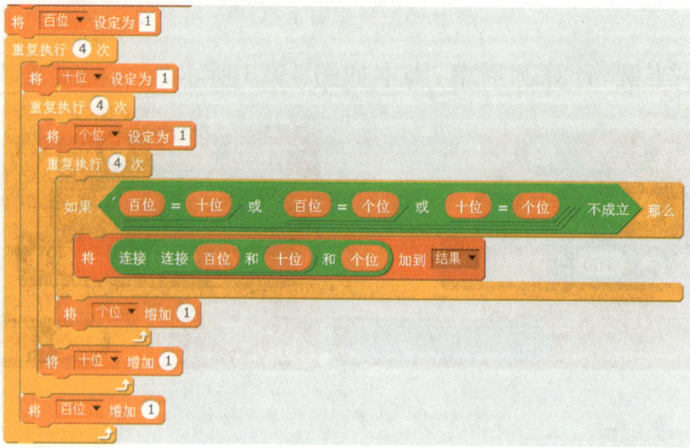

图10.5 "数字组合"脚本

运行效果如图10.6所示。

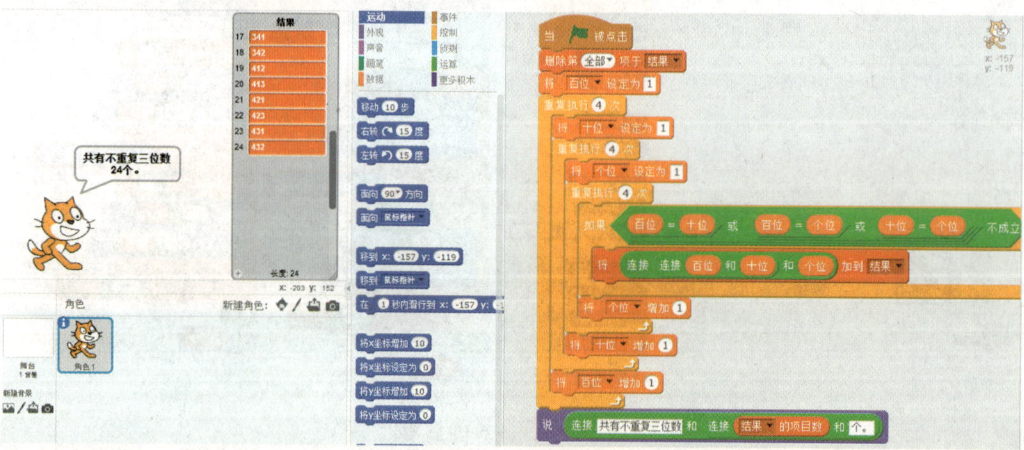

图10.6 "数字组合"

第 11 课　求最大公约数

本课学习要点

1. 熟悉功能块的使用。
2. 掌握程序结构的优化。
3. 求最大公约数。

有 2 个自然数 a 和 b，如果 a 能被 b 整除，那么，b 就叫作“a 的约数”。2 个或多个自然数的共有约数中最大的一个叫作它们的“最大公约数”，也称“最大公因数”“最大公因子”。求最大公约数的方法有多种，常见的有分解质因数法、短除法、辗转相除法、辗转相减法、更相减损法等。

问题：输入 2 个正整数 a 和 b，求它们的最大公约数。

下面分别介绍如何使用辗转相除法、更相减损法来求 2 个数的最大公约数。

11.1　项目分析

在进行算法编写之前，我们先对辗转相除法和更相减损法进行算法分析。

11.1.1　辗转相除法

辗转相除法，又称“欧几里得算法”，用于计算 2 个正整数 a、b 的最大公约数。它是已知最古老的算法，其历史可追溯至公元前 300 年。

辗转相除法的算法步骤是：对于给定的 2 个正整数 a、b($a>b$)，用 a 除以 b 得到余数 c，若余数 c 不为 0，就将 b 和 c 构成一对新的数($a=b$,$b=c$)，继续上面的除法，直到余数 c 为 0，这时 b 就是原来 2 个数的最大公约数。

因为这个算法需要反复进行除法运算，故被形象地命名为“辗转相除法”。

举例说明：用辗转相除法求 255 和 75 的最大公约数。给定两个数：255、75。第一次用 255 除以 75，得到余数 30；第二次用 75 除以 30，得到余数 15；第三次用 30 除以 15，得到余数 0，这时就得出 255 和 75 的最大公约数是 15。

辗转相除法的算法流程图如图 11.1 所示（注：a mod b，即 a 除以 b 的余数）。

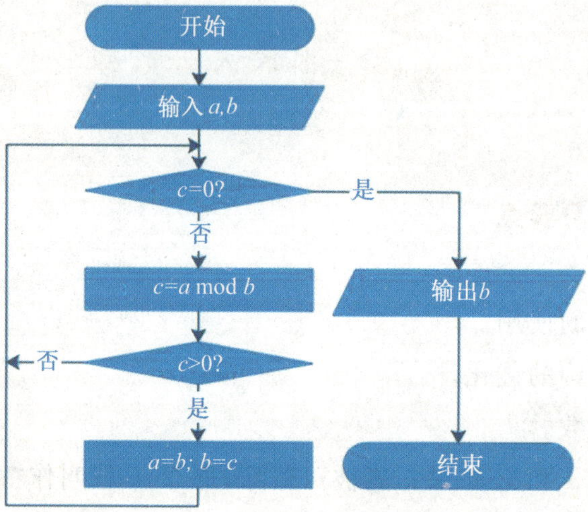

图 11.1 辗转相除法的算法流程图

11.1.2 更相减损法

与辗转相除法使用除法进行最大公约数的求取不同，更相减损法主要利用减法进行最大公约数的求取。

《九章算术》是中国古代的数学专著，其中的更相减损术可以用来求 2 个数的最大公约数。该书写成于 1 世纪左右，书中的内容十分丰富，系统总结了战国、秦汉时期的数学成就。

更相减损法的算法步骤是：

第一步：任意给定 2 个正整数，判断它们是否都是偶数。若是，则用 2 约简；若不是，则执行第二步。

第二步：以较大的数减较小的数，接着把所得的差与较小的数比较，并以大数减小数。继续这个操作，直到所得的差和减数相等为止。

第三步：第一步中约掉的若干个“2”与第二步中等数的乘积就是所求的最大公约数。

这里所说的“等数”，就是最大公约数，求“等数”的办法就是“更相减损法”，所以，更相减损法也叫“等值算法”。

举例说明：用更相减损法求 260 和 104 的最大公约数。

第一步：由于 260 和 104 均为偶数，首先用 2 约简得到 130 和 52，再用 2 约简得到 65 和 26。

第二步：此时 26 是偶数，而 65 不是偶数，故把 65 和 26 辗转相减，65－26＝39，39－26＝13，26－13＝13。

第三步：把第一步中约掉的两个“2”和“等数”13相乘，13×2×2=52。

所以，260与104的最大公约数是52。

把更相减损法的算法用流程图表示，如图11.2所示（注：gcd，即最大公约数）。

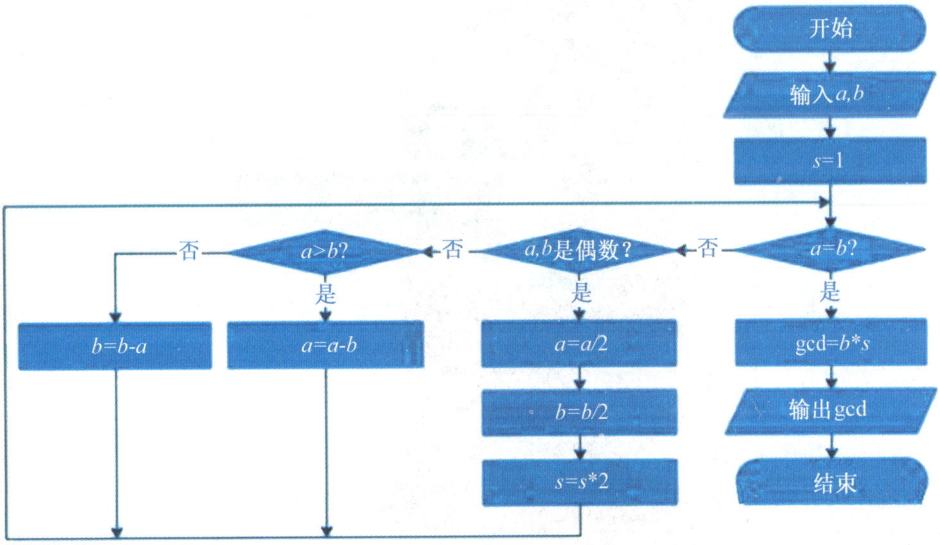

图11.2　更相减损法的算法流程图

11.2　编写脚本

根据11.1中分析的算法步骤以及流程图，我们进行脚本的编写。在编写脚本时，为了方便调用，我们采用“自定义”模块把求解最大公约数的功能编写为一个独立的模块。

11.2.1　辗转相除法

首先进行“辗转相除法”模块的编写。该模块中需要包含a、b 2个数字参数，其中a、b代表需要求解最大公约数的2个数，变量c用于存储a除以b的余数。如图11.3所示，其中a和b用来接收输入的2个数，随后将值分别赋值给变量a和b，注意变量c的值初始赋为空。

随后按照图11.1中的流程进行剩余算法的编写，完成的脚本如图11.4所示。

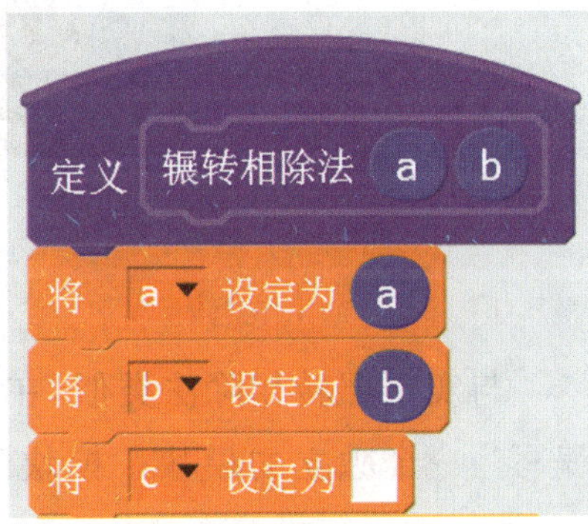

图11.3　变量赋值

图 11.4　脚本

模块编写完成后即可通过主程序进行模块的调用，如图 11.5 所示，单击“绿旗”运行即可看到计算结果。

图 11.5　运行结果

11.2.2　更相减损法

与实现辗转相除法类似，在更相减损法中我们也是将求解最大公约数的功能编写为一个独立的模块。模块的参数定义也是相同的，不同的是我们定义变量 s 用于存储变量 a 和 b 约掉 2 的乘积，其初值为 1，如图 11.6 所示。

在更相减损法中，先对变量 a 和 b 进行约 2 处理，随后再进行相减，直至变量 a = b。

根据上面的算法步骤，我们编写一个名为“更相减损法”的模块，用来求 2 个数的最大公约数。

弄清算法后，我们开始编写脚本，采用“自定义”模块，将求解最大公约数的功能编写为一个独立的模块，方便调用。该模块的完整脚本如图 11.7 所示。

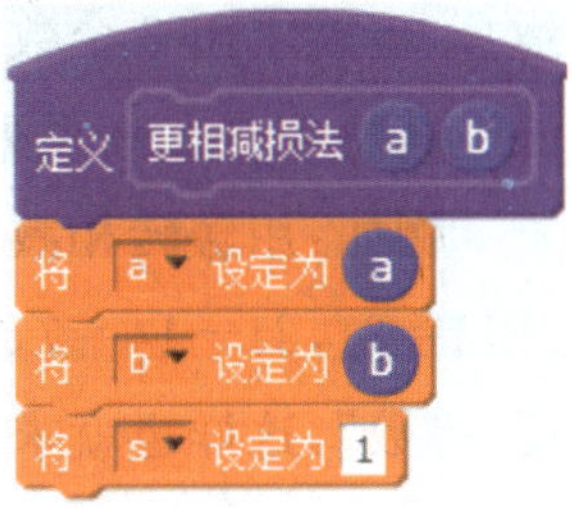

图 11.6　变量赋值

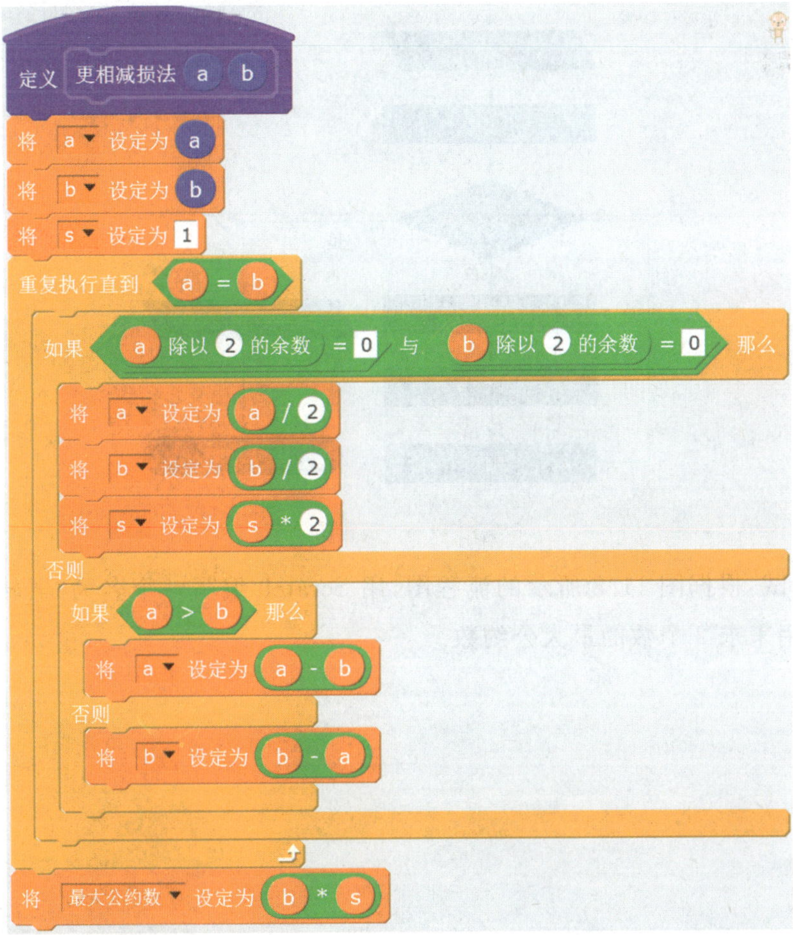

图 11.7　完整脚本

然后通过主程序进行调用就可以计算最大公约数了。

11.3　试一试

如果去掉更相减损法中对 2 个正整数均为偶数时做的除法运算，只保留减法运算，也能求出 2 个数的最大公约数。这种方法叫“辗转相减法”，即“尼考曼彻斯法”，其特点是做一系列减法，从而求得最大公约数。

例如：用辗转相减法求自然数 35 和 14 的最大公约数。用大数减去小数，35－14＝21，21－14＝7，由于 7<14，要做一次交换，把 14 作为被减数，14－7＝7 求得“等数”，这样也就求出了最大公约数 7。

把辗转相减法的算法用流程图表示，如图 11.8 所示。

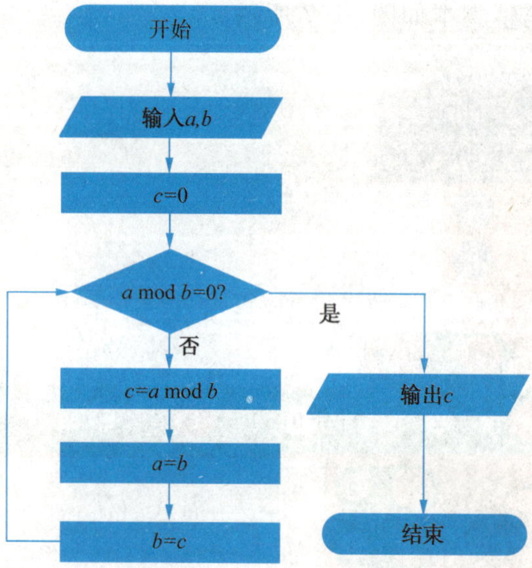

图 11.8　流程图

试一试：根据图 11.8 所示的流程图，用 Scratch 编写一个名为“辗转相减法”的模块，用来求 2 个数的最大公约数。

第12课　顺序查找

本课学习要点

1. 理解查找过程。
2. 理解循环判断的综合运用。
3. 算法编程:顺序查找。

12.1　顺序查找

顺序查找,又称为“线性查找”,是程序设计中最常用的算法之一。它简单易懂,是人们最熟悉的一种查找策略。它不要求数据是有序排列的,因而应用面很广。当数据量大时,该算法的查找效率极低,所以,顺序查找法适用于数据量小的场合。

该算法的查找过程是:按顺序由前往后(或由后往前)逐个查找数据集中的数据,如果找到目标数据,则返回其在数据集中的位置,否则就一直查找下去。如果到最后仍然没有找到目标数据,则查找失败。

顺序查找法一般使用数组、循环结构和判断指令来实现,数组用于存储数据,循环结构用来遍历数组中的元素,判断指令用来匹配目标数据。

例如,有一组数据:2,13,17,3,5,19,7,11(见图12.1)。请用Scratch编写程序,求出19在这组数据中的位置。

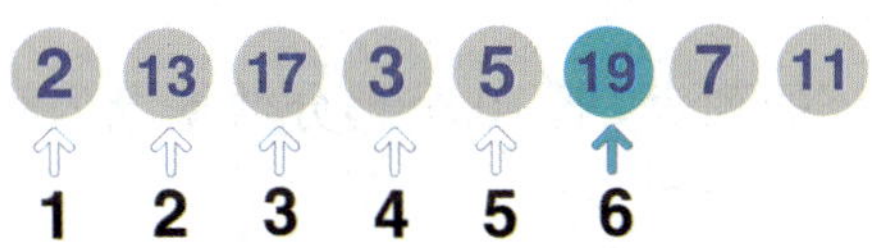

图12.1　一组已知数据

12.1.1　解题步骤

(1)创建一个名为“数组”的列表,把数据录入列表。

(2)使用“重复执行直到‘条件成立’”指令构建一个循环结构,让变量 i 从1开始逐一递增,直到它大于数组的长度。

(3)在循环体内使用“如果……那么”指令来判断目标数19是否与数组中的某个元素相等,如果相等则用“说”指令输出变量 i 的值,即元素在列表中的位置。

12.1.2　指令实现

“指令”模块如图 12.2 所示。

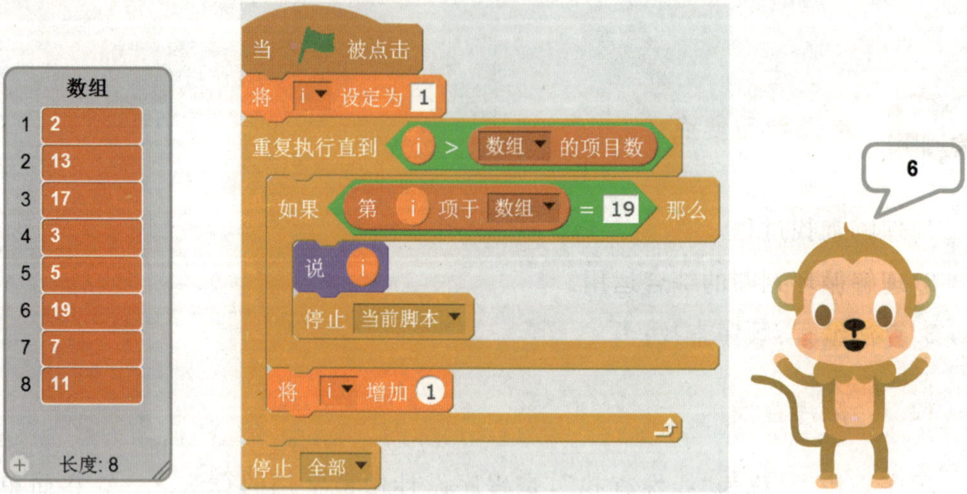

图 12.2　“指令”模块

12.2　评委打分

在一次校园卡拉 OK 小歌手比赛中，3 号选手雯雯表现出色，10 名评委给出的分数分别是 93 分、95 分、91 分、99 分、92 分、90 分、79 分、94 分、92 分、96 分。

根据比赛规则，去掉一个最高分和一个最低分，再取剩下得分的平均分作为选手的最后得分。这样能避免因 1 名或 2 名评委的个人因素而影响选手的真实成绩，使比赛更加公平。

用 Scratch 编程计算 3 号选手雯雯的最后得分。

12.2.1　建立列表

创建一个名为“得分”的列表，把 10 个得分数据录入列表。

12.2.2　去掉一个最高分和一个最低分

创建一个名为“去掉最高分和最低分”的模块，再创建 2 个变量：最高、最低，用于记录最高分和最低分的元素在列表中的位置，将这 2 个变量的初始值都设为“1”，如图 12.3 所示。

图 12.3　“自定义”模块

接着，从列表的第二个元素开始逐个比对，寻找出最高分和最低分所在的位置。在对比完列表中的全部元素之后，变量“最高”和“最低”中的值就是最高分和最低分的元素位置。脚本如图 12.4 所示。

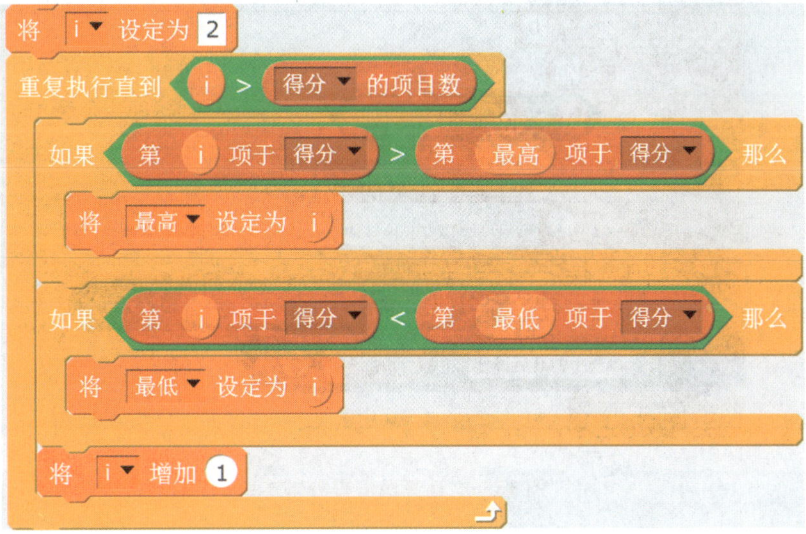

图 12.4　寻找最高分和最低分脚本

之后，我们把这 2 个异常得分删除。由于删除列表中的元素会使列表的剩余元素重新排列，所以我们要从列表的后面往前删除。比较“最高”和“最低”2 个变量的值，先删除列表中位置靠后的元素，如图 12.5 所示。

图 12.5　删除最高分和最低分脚本

12.2.3　计算最后得分

先统计出剩余 8 个得分的总分，再计算出平均值，得到选手的最后得分。

创建一个名为“计算最后得分”的模块来完成这些工作，如图 12.6 所示。

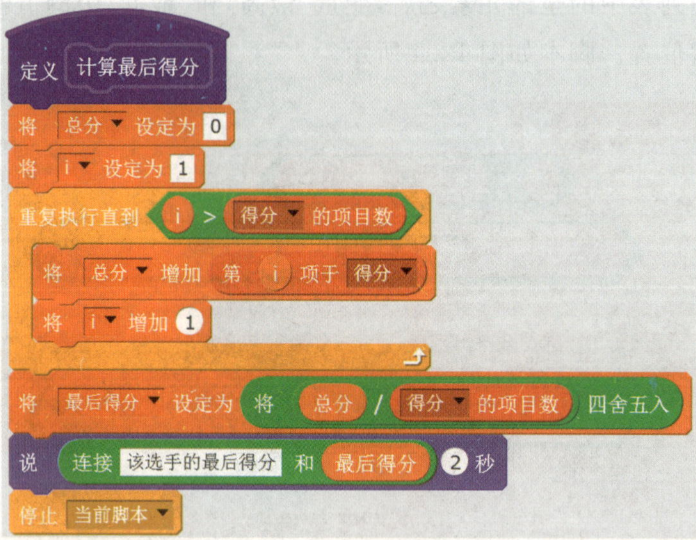

图 12.6　计算最后得分脚本

12.2.4　编写入口程序

调用模块“去掉最高分和最低分”和“计算最后得分”来计算选手的最后得分，如图 12.7 所示。

图 12.7　入口程序

至此，程序编写完毕。单击“绿旗”运行程序，可得到结果：该选手最后得分 93。

第13课 数字排序

本课学习要点

1. 了解简单排序算法。
2. 编程实现数字排序。
3. 设计应用:数字排序。

13.1 简单排序

随意输入一组数字,按照从小到大的顺序排列。

13.1.1 输入脚本

设置一个变量存储回答的数字个数,再建立一个“数据”列表存储输入的数字,如图13.1所示。

图13.1 输入待排序数字脚本

这段脚本开始运行后,首先会询问需要排序的数字个数,之后会将回答的数据作为“重复执行 x 次”模块的参数,开始询问需要排序的数字,每回答一个数字就将它添入“数据”列表,直到需要排序的数字输入完成。

导入一个 Start 按钮,输入完成后,单击这个按钮开始排序。

13.1.2 排序脚本

排序过程为:重复地走访要排序的元素,依次比较相邻2个元素,如果它们的顺序出现了错误就把它们调换过来，直到没有元素需要再交换，即完成排序。这种算法被称为“冒泡排序”，是因为越小（或越大）的元素会经由交换，慢慢“浮”到数列的顶端。

冒泡排序算法的运作如下：

（1）比较相邻的元素，如果前一个比后一个大，就把它们的位置调换。

（2）对每一对相邻元素做同样的工作，从开始的第一对到结尾的最后一对。这一步做完后，最后的元素会是最大的数。

（3）针对所有的元素重复以上的步骤，除了最后一个。

（4）持续对越来越少的元素重复上面的步骤，直到没有任何一对数字需要比较。

由于冒泡排序的简洁性，它通常被用作程序设计的入门算法概念。脚本如图 13.2 所示。

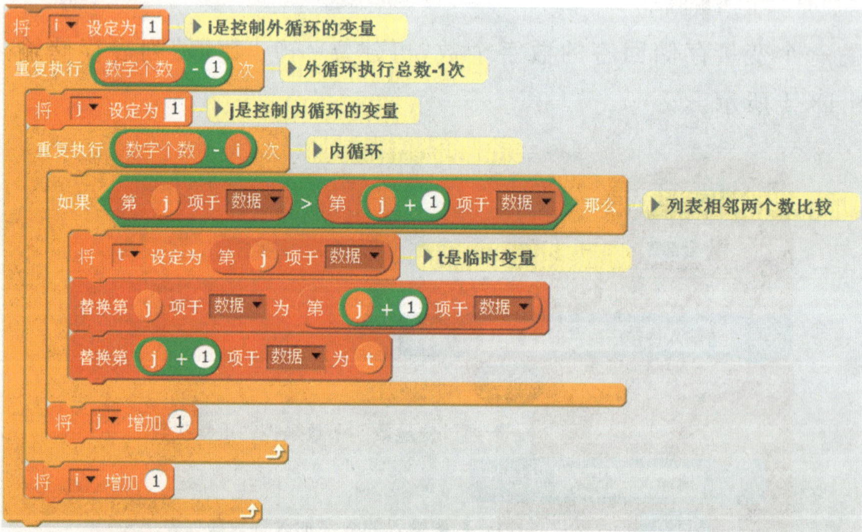

图 13.2　冒泡排序脚本

运行效果如图 13.3 所示。

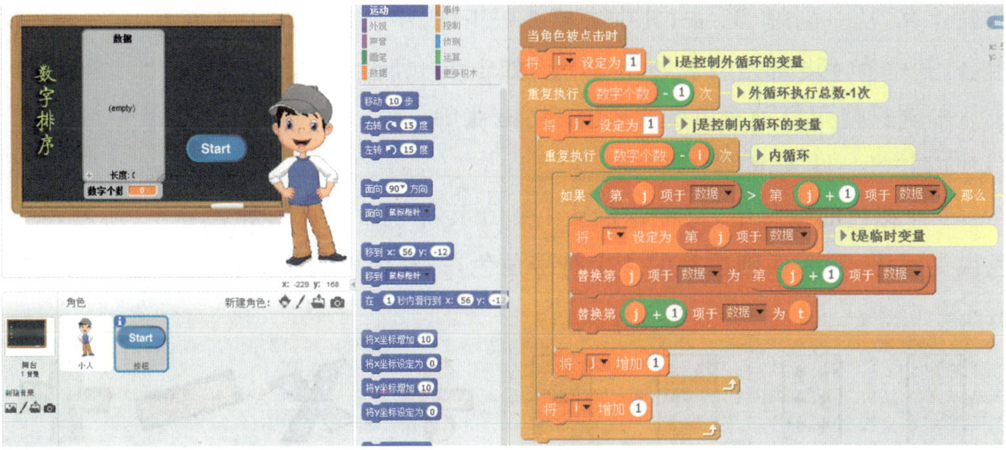

图 13.3 “数字排序”

冒泡排序在游戏中的应用如图 13.4 所示。

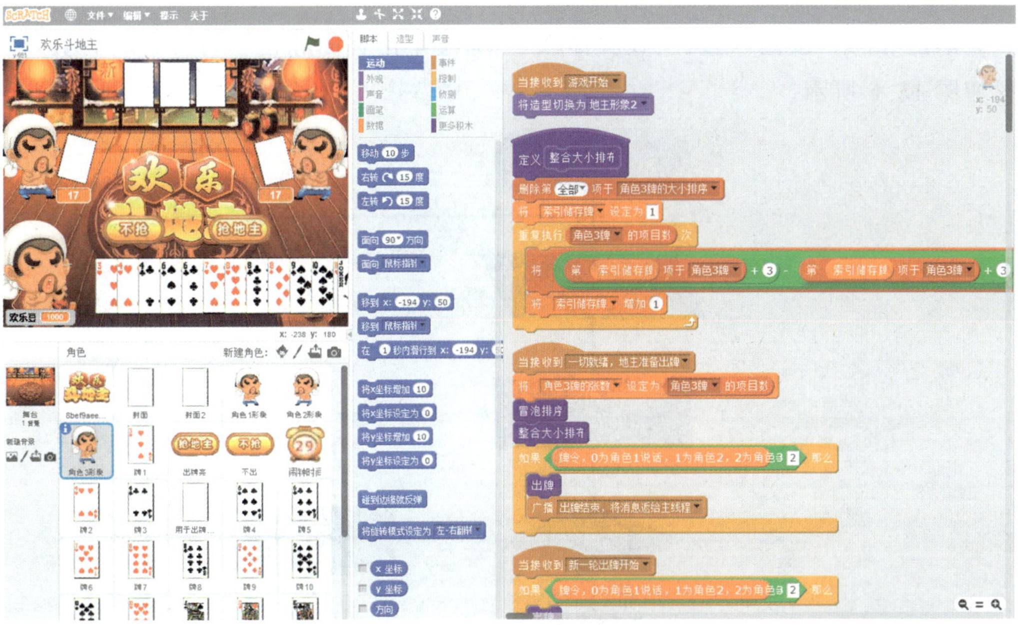

图 13.4 冒泡排序在游戏中的应用

13.2 速算 24 点小游戏

“24 点”是一种纸牌游戏，像象棋、围棋一样，是一种人们喜闻乐见的娱乐活动。这种游戏方式简单易学，能健脑益智，是一项极为有益的活动。

它的玩法是：将一副牌抽去大小王，从剩下的 52 张牌中任意抽取 4 张，利用四则运算把牌面上的数算成 24，每张牌必须使用且只能用一次。经过计算机的准确计算，从一副牌（52 张，其中去掉 2 张王牌）中任意抽取 4 张可有 1820 种不同组合，其中有 458 种组合算不出 24 点，如 1、1、1、5。

本例只使用每种花色的 1～10，共 40 张牌。

13.2.1 导入角色

4 种花色的纸牌中，每种花色从 1～10 共有 10 个造型，导入一个“小精灵”角色说提示语，导入四则运算的 4 个符号角色，另外导入几个必要的按钮，如图13.5 所示。

图 13.5 导入角色

13.2.2 分析项目

单击“开始”按钮，随机生成牌面数字，通过单击牌面和运算符号进行计算，流程如图 13.6 所示。

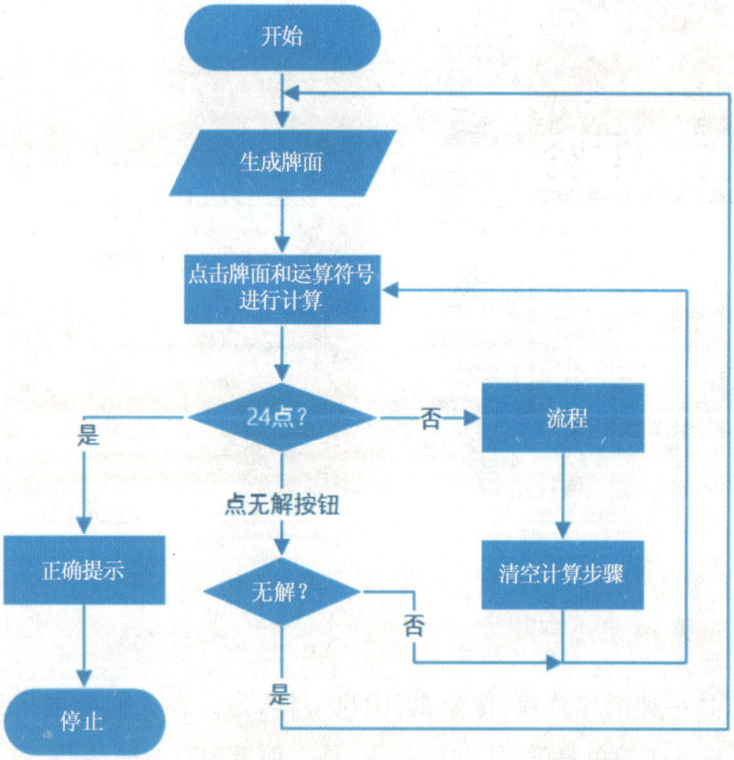

图 13.6 流程图

通过流程图分析可知，主要脚本指令在单击牌面时运行“运算”模块，4 张牌进行 3 步运算即可得出结果。计算过程主要有 2 种情况：一是按照单击顺序进行计算；二是将 4 张牌分两组计算后再汇总，如 $a+b=x$，$c-d=y$，$x\times y=24$。如果每单击 1 次算 1 个步骤，则最后完成需要 7 个步骤，单击牌面 0、2、4、6，单击运算符号或按钮 1、3、5、7。本例中用一个 k 变量来记录这些单击步骤。

13.2.3　编写牌面脚本

通过上面的分析，牌面的单击步骤为 0、2、4、6。0：将牌面数赋值给变量“t”，单击步骤加 1，显示变量“第一步”并赋值为牌面数字，广播“第一步”，以显示运算符号角色。2：将单击的运算符号添加到变量“第一步”，进行运算，这里的“运算”使用了“自定义”模块，运算完成后将牌面和运算结果添加到变量“第一步”，单击步骤加 1。到这里第一步的运算结束。4、6：都分 2 种情况，一是直接单击运算符号连续计算，二是进行第二组牌面的计算。所以，需要通过单击一个按钮得到变量来存储第一步的结果。各步骤具体的脚本如图 13.7 所示。其他牌面修改相应变量即可。牌面初始化及“自定义”模块“运算”脚本如图 13.8 所示。

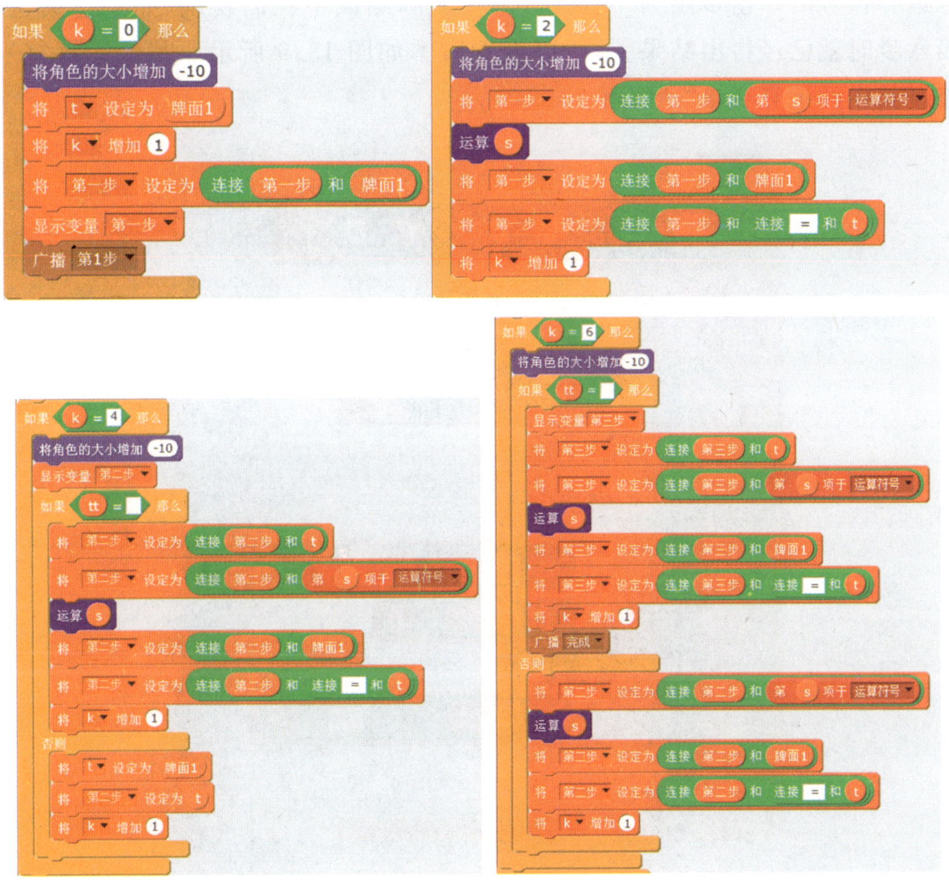

图 13.7　牌面脚本

图 13.8　牌面初始化及“自定义”模块“运算”脚本

13.2.4　编写运算符号脚本

运算符号的单击步骤为 1、3、5、7。在实际测试中我们发现，如果连续运算，在第六步时就已经得出结果了，所以设置脚本如图 13.9 所示。其他运算符号脚本修改其中的运算变量“*s*”即可。

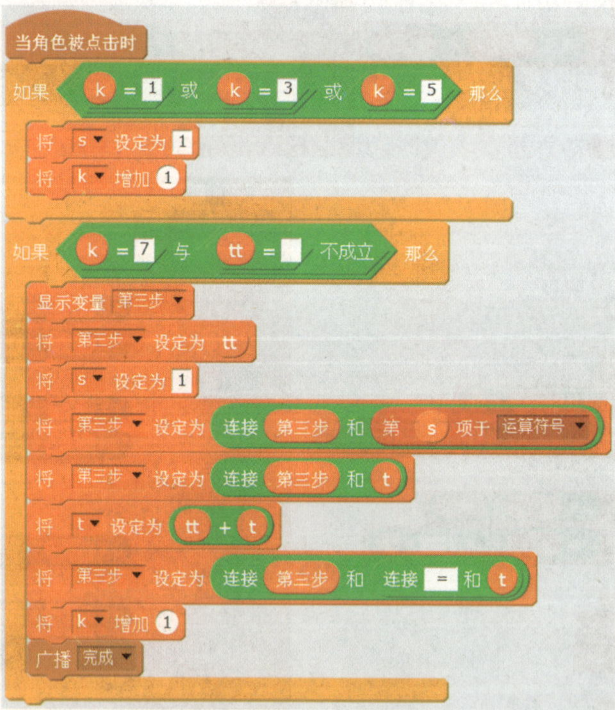

图 13.9　运算符号脚本

13.2.5 其他角色脚本

(1)初始化。除了单击“绿旗”开始运行程序之外,对刷新牌面、计算完成、无解等几种情况也要进行初始化。初始化包含三部分:随机取牌面值、将变量归零(或空)、隐藏变量显示。脚本如图 13.10 所示。

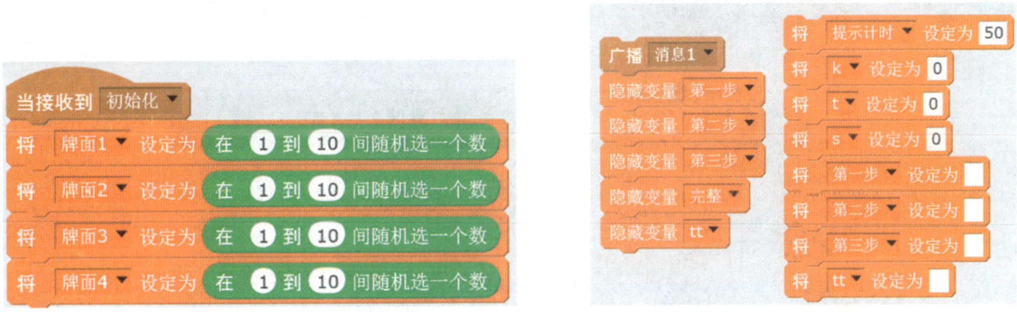

图 13.10 初始化数据脚本

(2)清除数据。当点击错误或者计算错误需要从头开始时,需要将已经存有的数据清除掉,这时候除了牌面不变之外,其他都要恢复到初始状态,脚本如图 13.11 所示。

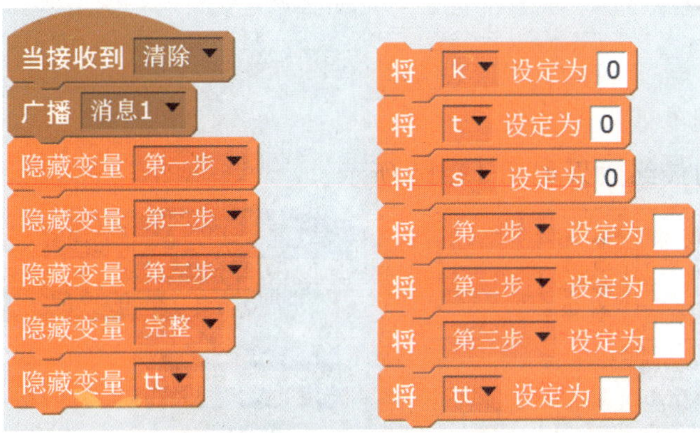

图 13.11 清除数据脚本

(3)无解。当无解时,单击按钮进行判断,脚本如图 13.12 所示。

图 13.12 无解脚本

(4)判断。最后计算正确、无解以及计算错误都需要进行判断,脚本如图 13.13所示。

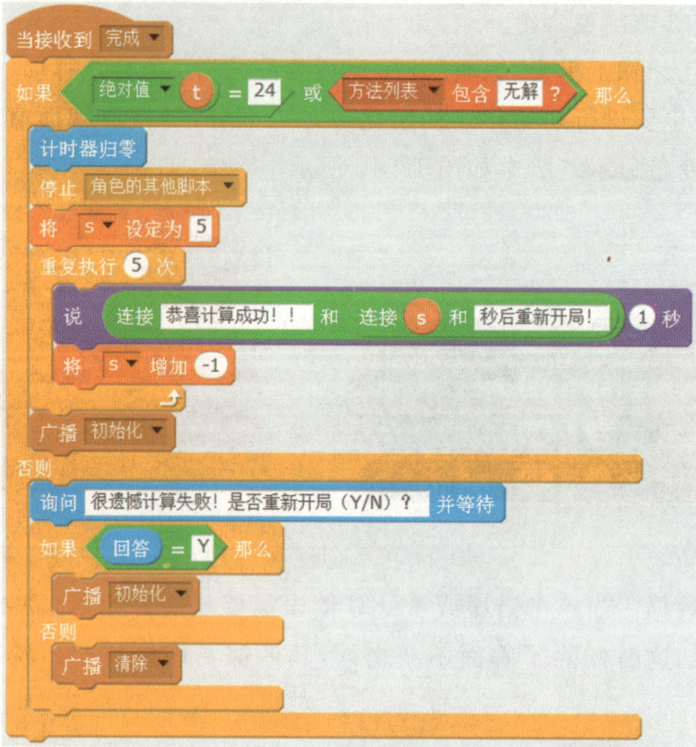

图 13.13　判断脚本

13.2.6　脚本效果

脚本运行的最终效果如图 13.14 所示。

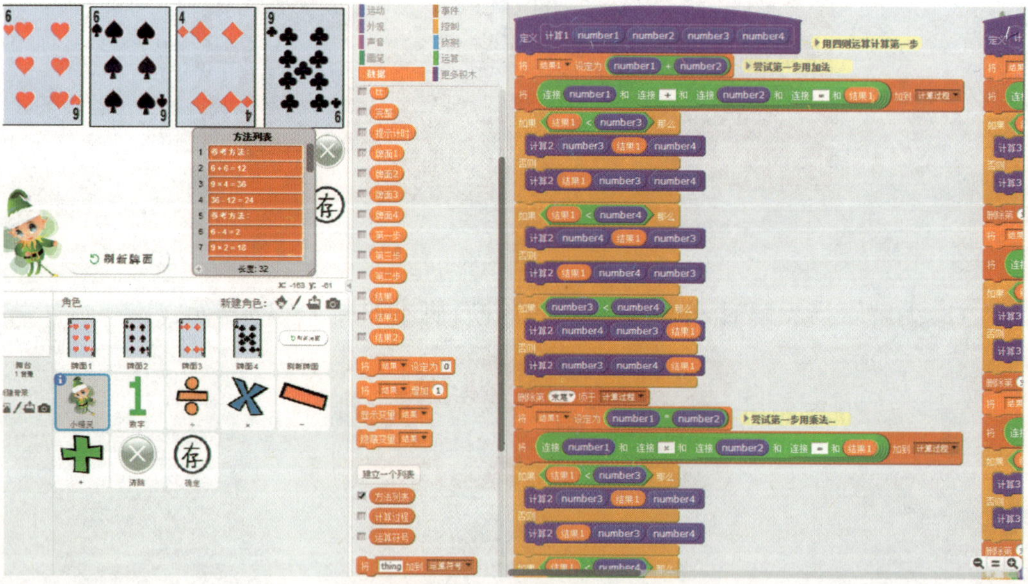

图 13.14　“速算 24 点小游戏”

关于自动求解的算法，是采用指令依次尝试的方式进行的暴力求解。由于指令较多，这里只列出第一步的计算过程，其他指令的脚本请大家自行探索，如图13.15至图13.17所示。

项目脚本中也存在一些漏洞(BUG)，大家可以试着找出来并修复它们。

图 13.15　尝试第一步用加法脚本

尝试第一步用乘法和减法的脚本与图 13.15 相似，修改其中的运算符号即可。

图 13.16　尝试第一步用除法脚本

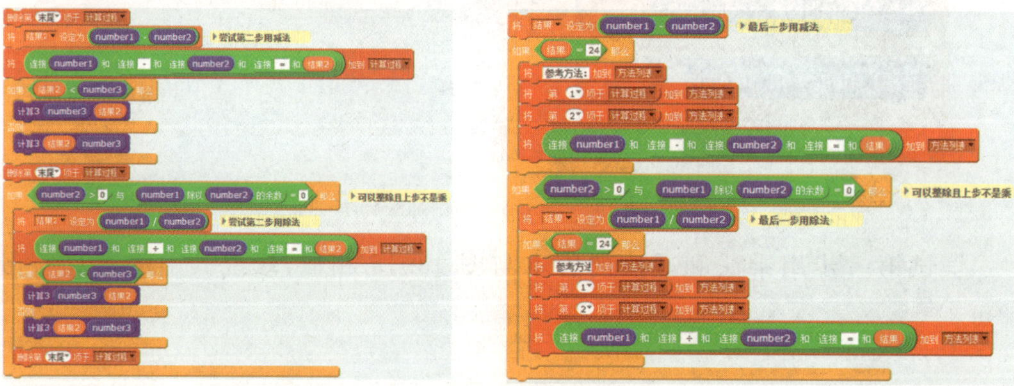

图 13.17　“自定义”模块“计算 2”和“计算 3”部分指令脚本

第14课　设计数学工具

本课学习要点

1. 熟练掌握程序结构。
2. 灵活运用广播。
3. 设计2个数学工具。

14.1　项目一：进制转换器

在学习计算机编程的过程中，我们经常会遇到各种进制（如二进制、八进制、十进制、十六进制）之间的转换问题。使用Scratch制作一个"进制转换器"，使输入的一个任意进制的数都能显示出常用的其他3种进制数。如输入八进制数371，则显示出二进制数为11111001、十进制数为249、十六进制数为F9。图14.1为十六进制输入界面。

图14.1　进制转换器界面

14.1.1　项目分析

通过观察各进制间转换的方法（方法请自行搜索），我们发现：二进制与其他进制间的转换比较简单，十进制转其他3种进制的方法比较简单，可以直接编写脚本解决，而另外3种进制间的转换比较烦琐，可以采用间接转换，即先转换为二进制，再进行其他转换。

14.1.2 转换算法

(1)其他进制转二进制。十进制转二进制采用“除基取余”的方法，如图 14.2 所示；八进制、十六进制转二进制，先按数位分开，再按照对应关系一一替换即可，对应表格如表 14.1 所示。

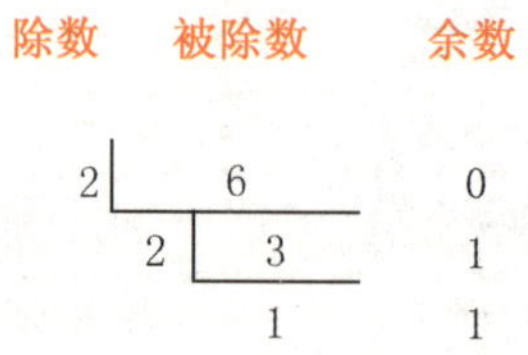

图 14.2 “除基取余”法

表 14.1 进制对应关系

二进制	八进制	十六进制	二进制	八进制	十六进制
000(000)	(0)	0	1000	(10)	8
0001(001)	(1)	1	1001	(11)	9
0010(010)	(2)	2	1010	(12)	A
0011(011)	(3)	3	1011	(13)	B
0100(100)	(4)	4	1100	(14)	C
0101(101)	(5)	5	1101	(15)	D
0100(110)	(6)	6	1110	(16)	E
0111(111)	(7)	7	1111	(17)	F

(2)二进制转其他进制。二进制转十进制采用按位展开乘权值 2 的位数次方最后求和计算。

注意：位数是从右向左开始，如将 1100100 换算成十进制，计算为：

$$0\times2^0+0\times2^1+1\times2^2+0\times2^3+0\times2^4+1\times2^5+1\times2^6=100$$

0 乘以多少都是 0，所以我们也可以直接跳过值为 0 的位：

$$1\times2^2+1\times2^5+1\times2^6=100$$

二进制转八进制、十六进制同样使用表 14.1 中的对应关系一一替换。

算法弄明白了，下面就可以开始编写脚本了。采用“自定义”模块，将每个转换单独编写为一个模块，以方便调用。

14.1.3 编写脚本

首先需要建立变量和列表以用来存储相应的数据和对应关系，如图 14.3 所示。

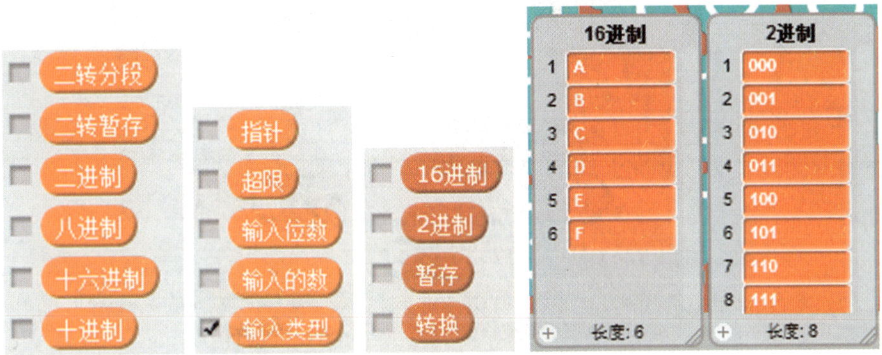

图 14.3 设置变量和列表

(1)二进制转八进制。首先将二进制数从右到左分段(每 3 位一段),每段均按二进制转八进制的方法计算,如图 14.4 所示。

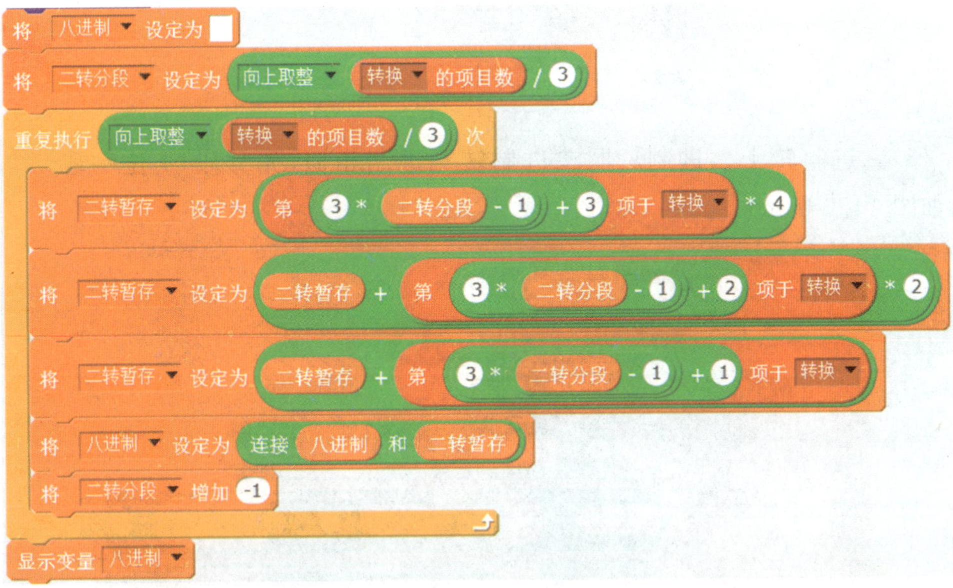

图 14.4 二进制转八进制

本例使用按权计算的方式是为了理解计算的过程,也可以使用读取列表数据的方法。

(2)二进制转十进制。本例在输入时已将每一位都存为列表“转换”的一项,只需要按照前页公式进行计算即可,如图 14.5 所示。

注意存取的顺序:存储时为顺序,读取时为倒序。

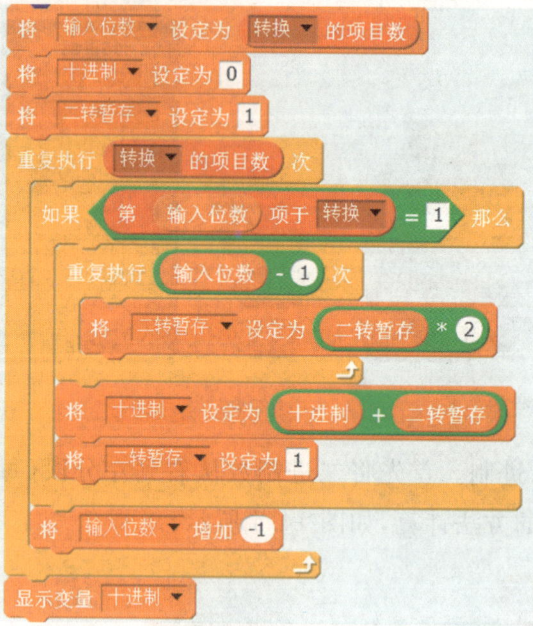

图 14.5　二进制转十进制

(3)二进制转十六进制。同二进制转八进制相似，先分段(4 位一段)，再计算，如图 14.6 所示。

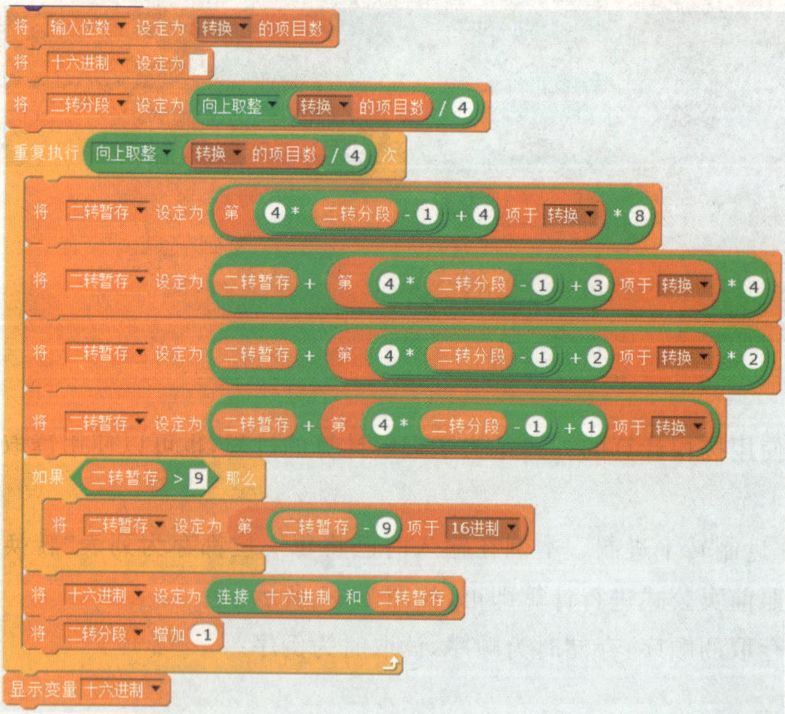

图 14.6　二进制转十六进制

(4)八进制、十六进制转二进制。本例中除了判断分段的位数不同之外，其他算法都相同，如图 14.7 所示。

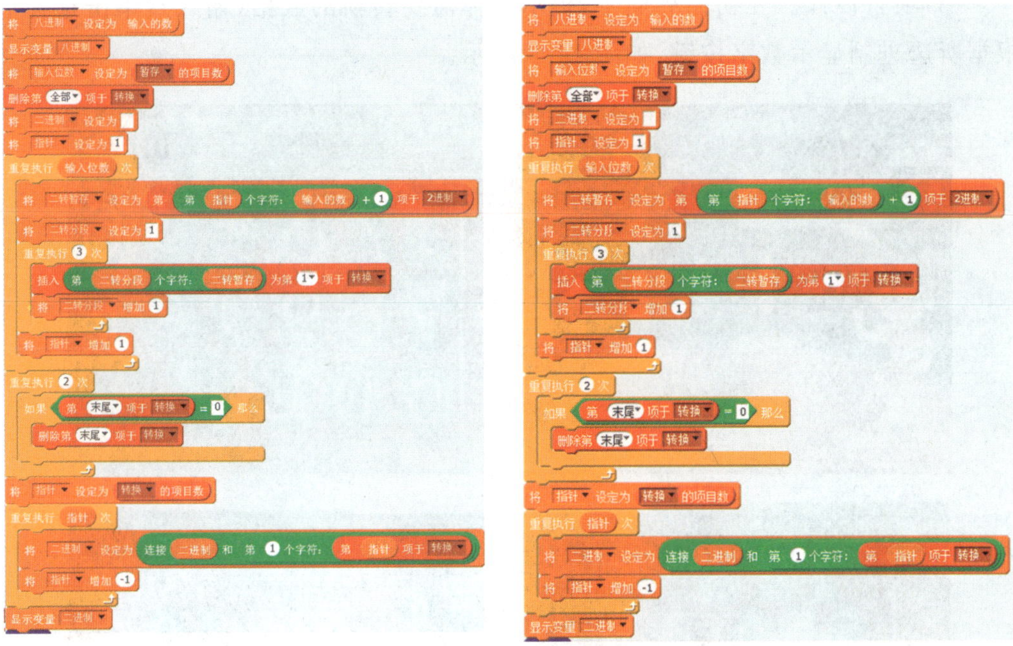

图 14.7　八进制、十六进制转二进制

14.1.4　角色及入口设置

(1)角色。如图 14.8 所示，为了方便设置，本例中没有使用克隆，蓝色数字和字母为输入按键，黑色数字为仿计算器显示屏数字，每个数字都有 0～9 的 10 个造型。

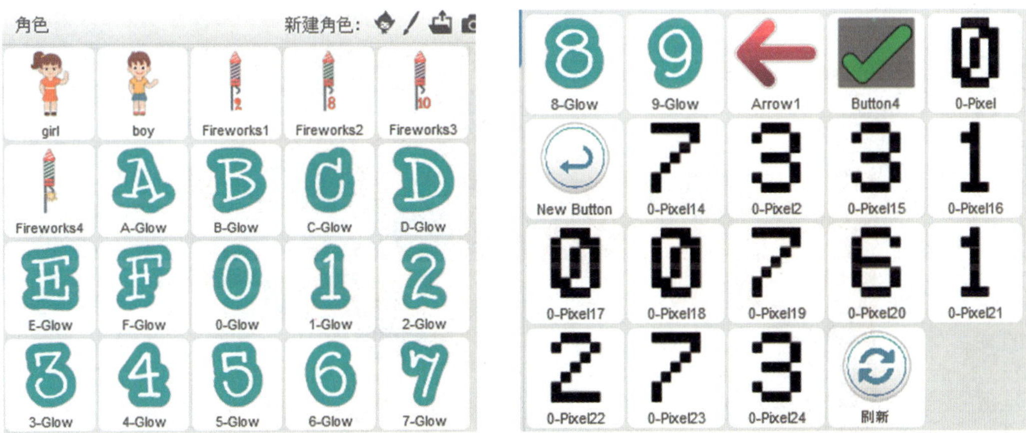

图 14.8　角色设置

卡通人物：说提示语句；Flashireworks：选择输入数的进制；蓝色数字：输入按键；黑色数字：模拟液晶显示；另有“退格”“确定”“返回”“刷新”按钮。

(2)项目设计。在初始界面中，提示选择需要转换的数据(输入)，单击选择后根据所选进制显示数字按键，如图 14.9 所示。

图 14.9　开始界面及各进制输入界面

14.1.5　项目最终脚本

输入结束后需要先判断开始时选择的数据类型，然后进行相应的转换，如图 14.10 所示。

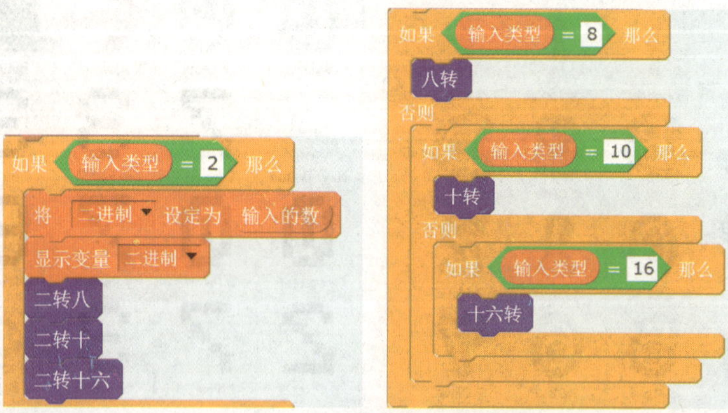

图 14.10　根据输入类型调用模块

项目完整脚本及运行效果如图 14.11 和图 14.12 所示。

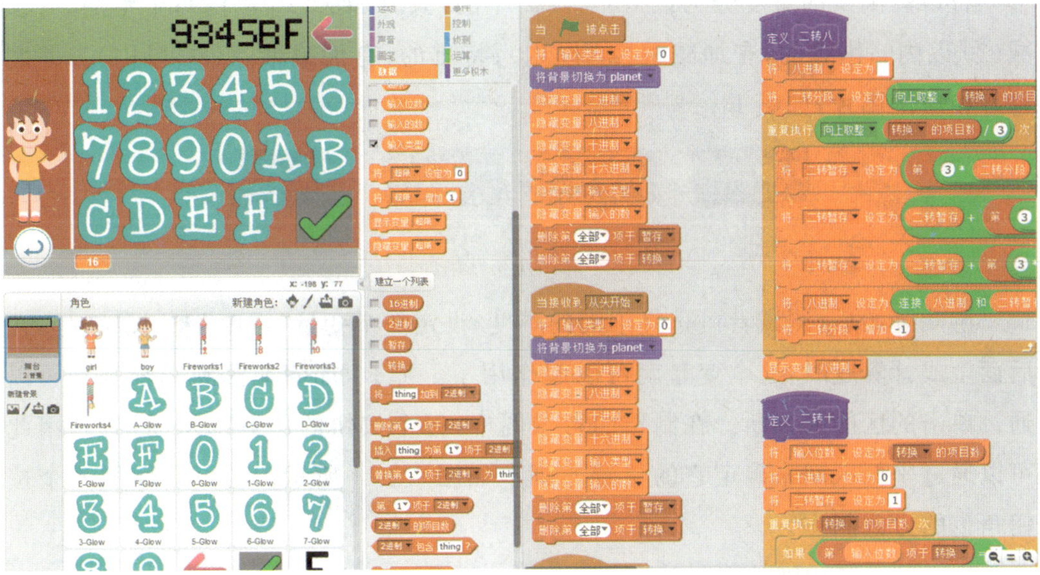

图 14.11　输入数据

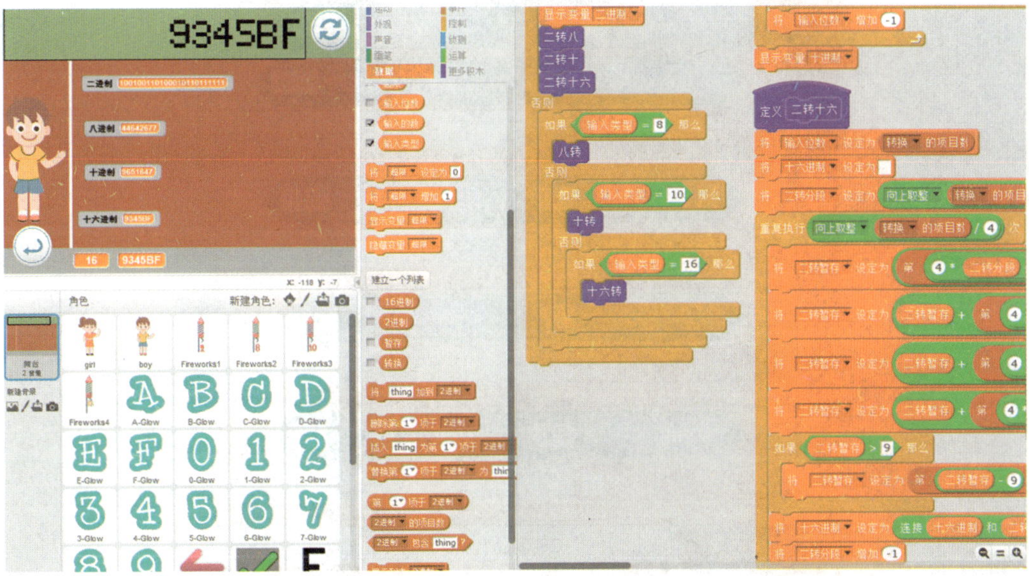

图 14.12　转换结果

14.2　项目二：植物大战僵尸(20 以内口算篇)

用 Scratch 制作加减乘除口算的测试，用游戏“植物大战僵尸”来增加口算的趣味性。

14.2.1 项目分析

将口算测试的难度分为以下 4 种：简单的，只有加法（20 以内）；中等的，有加减（20 以内）；困难的，有加减乘（20 以内）；特难的，有加减乘除（20 以内）。并制作好相应的图片，如图 14.13 所示。

图 14.13　制作难度选择按钮

游戏开始后，测试者可选择不同的难度，设定一个变量“难度”来记录选择，在后面生成计算题时，这个变量就可以起作用了。那么，如何侦测到选择呢？可以通过单击的区间来判断。在制作的背景图中，每个按钮的位置都是固定的，因此可以通过坐标区间来确定它的位置。脚本如图 14.14 所示。也可以使用 4 个按钮角色的方式制作。

图 14.14　舞台上单击区间的判断

14.2.2 编写出题脚本

选择完难度之后，就要根据不同的难度载入不同的题库。当进入游戏之后，就会随机生成计算题，利用随机数和运算符来生成题库。

答题者只有回答结果正确，植物才能产生子弹(也就是吐出豆豆)，因此，如果回答正确就要发出广播消息“豆豆加 1”，那么在角色“豌豆”上就应编写如图 14.15 所示的出题脚本。

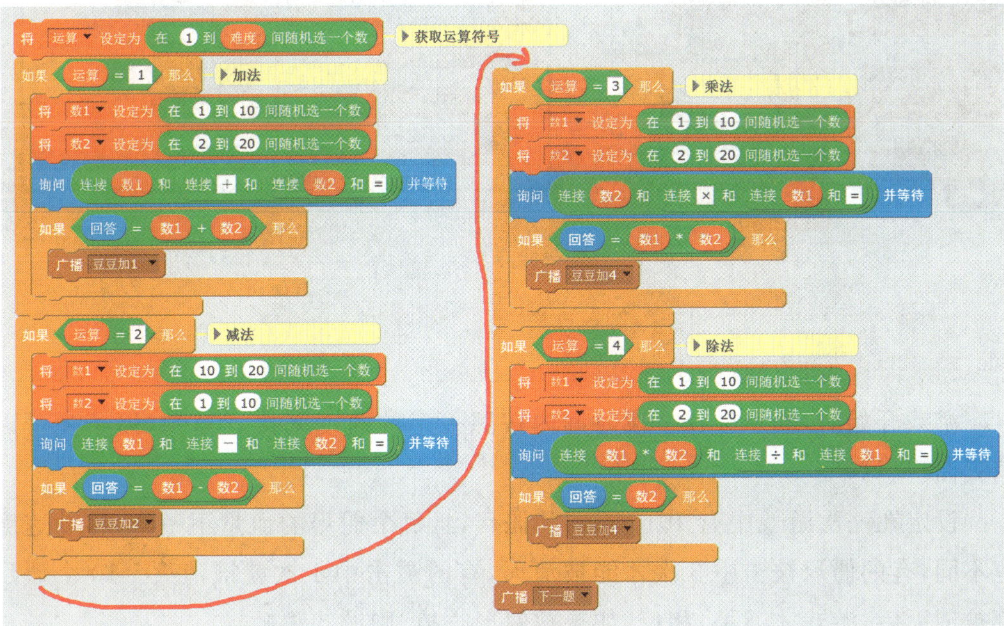

图 14.15 出题脚本

14.2.3 子弹“豆豆”脚本

那么，接收到广播之后，怎么发出呢？这很简单，先将“豆豆”移到植物的“口”边并显示出来(接收广播之前“豆豆”是不存在的，也就是隐藏的)，射出子弹的效果其实就是“豆豆”水平地向右移动，因此，只要保持 y 坐标不变，重复执行增加 x 坐标的指令就行了。同时，如果碰到僵尸，又要将“豆豆”隐藏(打中僵尸了)。脚本如图 14.16 所示。

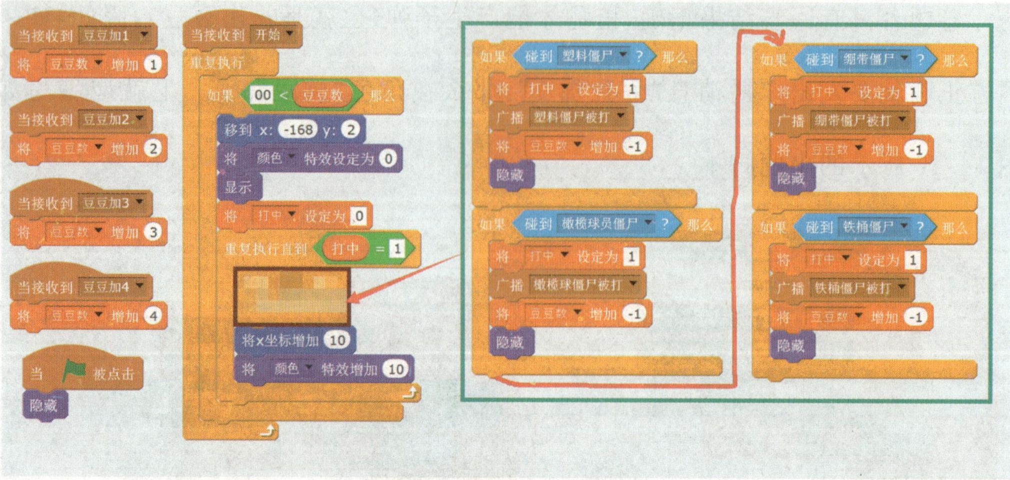

图 14.16　子弹“豆豆”脚本

14.2.4　僵尸进攻脚本

游戏开始时，僵尸会在一段时间内按照一定的速度来接近植物，但子弹可以消灭僵尸。

设定在一次游戏中有 10 个不同的僵尸，且每个僵尸的血量不一样，移动速度也不同，有的僵尸被击中 3 次才能被消灭，有的被击中 1 次就被消灭。10 个僵尸都被消灭后，游戏才通关；相反，如果被僵尸吃掉，则游戏失败。

以“绷带僵尸”为例，脚本如图 14.17所示。这里的变量“绷带僵尸”被设定为 2，当接收到广播消息“绷带僵尸被打”时减 1，如果“绷带僵尸＝0”则隐藏，也就是“绷带僵尸”被击中 2 次就被消灭了，其他类型的僵尸只需更改初始设定即可。

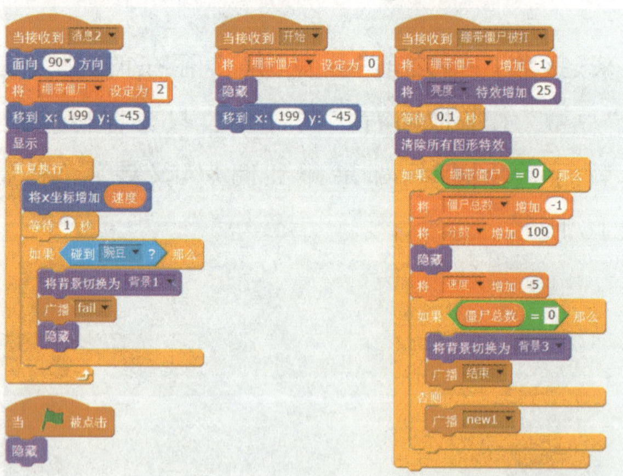

图 14.17　“绷带僵尸”脚本

另外，可以设定一个变量来记录得分，可以看到通关后的得分是多少。

整个游戏的技术要点在于：使用消息传递响应结果，使用变量记录响应结果，使用侦测来检测角色的接触。游戏中相似的脚本就不一一列出了，运行效果如图14.18所示。

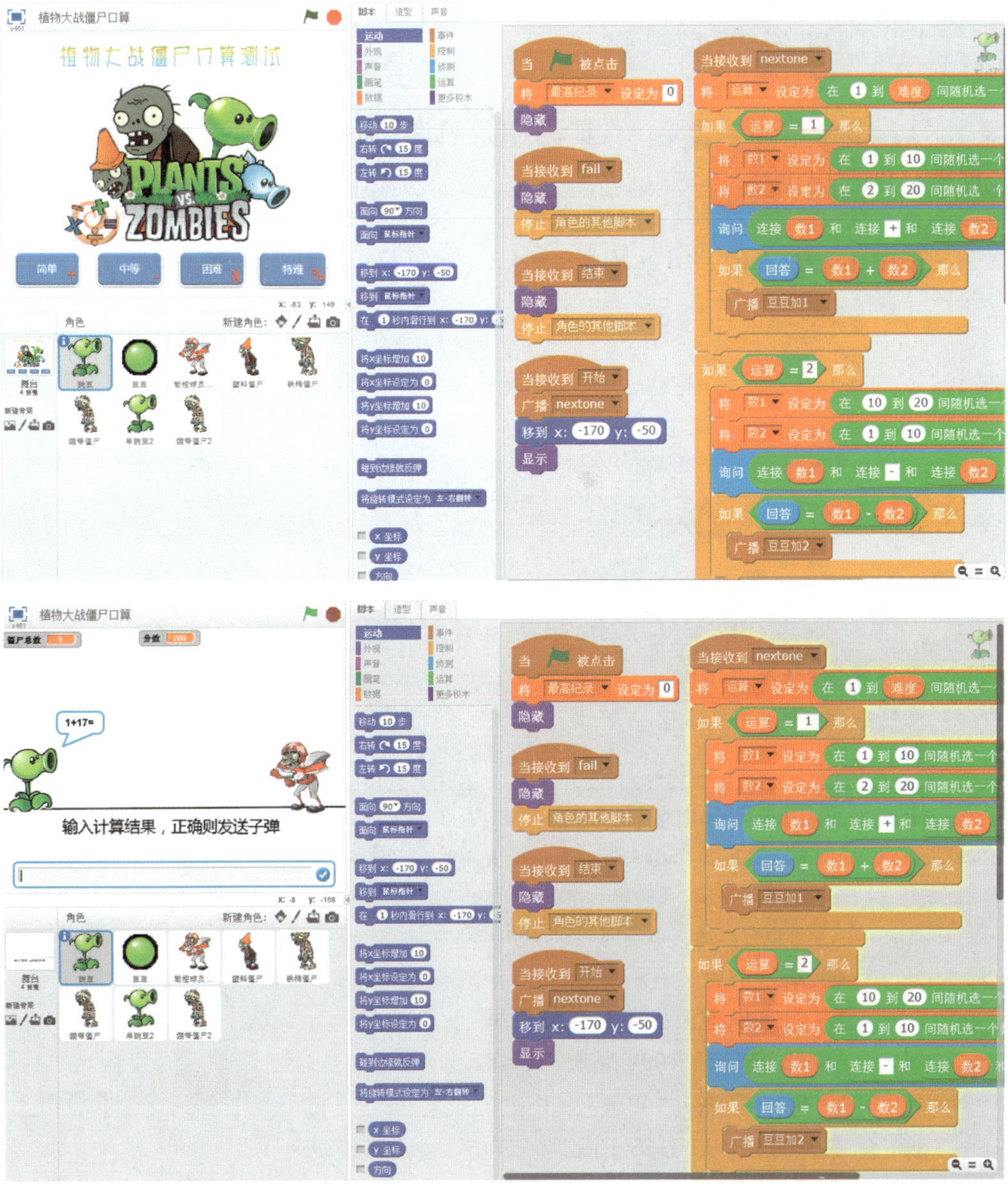

图 14.18 “植物大战僵尸(口算篇)”

图书在版编目(CIP)数据

Scratch 2 创新之旅. 进阶篇/李陆主编. —济南：山东大学出版社，2018.11(2019.7 重印)

ISBN 978-7-5607-6240-1

Ⅰ. ①S… Ⅱ. ①李… Ⅲ. ①计算机课—小学—课外读物 Ⅳ. ①G624.583

中国版本图书馆 CIP 数据核字(2018)第 283936 号

责任策划：马银川
责任编辑：李 港
封面设计：张 荔

出版发行：山东大学出版社
社 址 山东省济南市山大南路 20 号
邮 编 250100
电 话 市场部(0531)88363008
经 销：新华书店
印 刷：山东华鑫天成印刷有限公司
规 格：787 毫米×1092 毫米 1/16
6.75 印张 155 千字
版 次：2018 年 11 月第 1 版
印 次：2019 年 7 月第 2 次印刷
定 价：19.80 元
